绵阳市传统村落志

绵阳市地方志编纂中心 编

方志出版社
Publishing House of Local Records

图书在版编目（CIP）数据

绵阳市传统村落志 / 绵阳市地方志编纂中心编. —
北京：方志出版社，2022.9
ISBN 978-7-5144-5307-2

Ⅰ. ①绵… Ⅱ. ①绵… Ⅲ. ①乡村－概况－绵阳
Ⅳ. ①K927.13

中国版本图书馆CIP数据核字（2022）第228203号

责任编辑：王娜
责任校对：刘玉霞
责任印制：梅中英
出 版 者：方志出版社
地　　址：北京市朝阳区潘家园东里9号（国家方志馆4层）
邮　　编：100021
网　　址：http://www.zgfzcb.cn
发　　行：方志出版社图书营销中心（010-67110500）
印　　刷：成都勤德印务有限公司
开　　本：787毫米×1092毫米　1/16
印　　张：14.75
字　　数：200千字
版　　次：2022年9月第1版　　2022年9月第1次印刷
定　　价：110.00元

《绵阳市传统村落志》编纂人员名单

主　编：韩贵钧

副主编：万晓翠

编　辑：郭　徽　王　飞

初　审：（涪城区）杨　剑　刘雪梅

（游仙区）代　立　孟世琴

（安州区）张　琴　杨晓灵

（江油市）谢小东

（盐亭县）任　春　杨永浩

（梓潼县）蒲江林　李雨芮

（北川羌族自治县）袁武权　谢雁萍

（平武县）刘永江

凡 例

一、本志坚持以马克思列宁主义、毛泽东思想、邓小平理论、“三个代表”重要思想、科学发展观、习近平新时代中国特色社会主义思想为指导，坚持辩证唯物主义和历史唯物主义的立场、观点和方法，存真求实，客观简要记述绵阳市被列入中国传统村落名录的16个村落的历史沿革、自然地理、经济民生、人文特色等方面的真实情况，为保护和传承绵阳市乡村优秀传统文化，服务乡村振兴战略提供历史智慧和现实借鉴。

二、为全面反映入志事物发展脉络，本志记述上限追溯至事物发端，下限断至2020年12月31日。

三、记述地域范围以2019年全市乡镇行政区划调整和2020年村级建制调整后的新村域范围为准。

四、采用纲目体，设类目、分目、条目三个层次。横排门类，纵述史实。主体框架为“基本村情+特色内容”。基本村情以反映2020年的现状为主，适当体现重要历史阶段的发展变化情况。特色内容以反映传统村落的传统建筑、文物古迹、旅游名胜、特色文化、风土民情、本土名人等方面情况为主。

五、综合运用志、传、图、表、录等体裁，以志体为主。

六、除引用文字外，统一使用规范的现代语体文记述，文字力求朴实、严谨、简洁、流畅、优美，增强可读性。

七、人物传略遵循“生不立传”原则，人物传按生年排序，只选录对本村发展有重大影响的历史人物，不面面俱到。

八、所涉数据一般采用政府统计部门数据。无政府统计部门数据时，选用各村和乡镇正式提供的数据。

九、只收录具有存史价值和传统村落特色的图片，图文并茂。

十、数字用法、标点符号分别采用国家标准《出版物上数字用法》（GB/T 15835—2011）、《标点符号用法》（GB/T 15834—2011），计量单位采用国家技术监督局1993年12月发布的《量和单位》（GB 3100~3102—93）系列国家标准。历史上使用的计量单位，如斗、石、里、尺、磅、华氏度等，在引文时可照录。考虑到社会使用习惯，全书中“亩”“斤”不统一换算。

十一、中华民国成立前的纪年，使用朝代年号纪年，括注公元年份；中华民国成立后的纪年，均使用公元纪年。志中所称“解放前（后）”，以当地解放日为界；“中华人民共和国成立前（后）”，以中华人民共和国成立日1949年10月1日为界；“改革开放前（后）”，以1978年12月中共十一届三中全会召开为界。本志“××年代”，凡未加世纪者，均指20年代。

十二、对旧志、古籍中的繁体字、冷僻字一般用简化字或通用字替换，易引起误解的则保留。

十三、记述各个历史时期的党派、机构、职务、地名等，均以当时的名称为准。对频繁使用的名称，首次用全称，其后用简称。

前　言

传统村落，又称古村落，是指村落形成较早，拥有较丰富的传统资源，具有一定历史、文化、科学、艺术、社会、经济价值，应予以保护的村落。2012年4月，由住房和城乡建设部、文化部、国家文物局、财政部联合启动了中国传统村落的调查，调查选取的三项标准，即“传统建筑风貌完整”“选址和格局保持传统特色”“非物质文化遗产活态传承”，成为界定“传统村落”的三项基本原则。传统村落蕴藏着丰富的历史信息和文化景观，发掘和保护传统村落，不仅有助于推动地方优秀传统文化的传承和发展，也是实施乡村振兴战略、推进社会主义新农村建设的重要举措。

绵阳市境悠久的农业历史孕育了深厚的农耕文化，也形成了一批传统风貌保存较好、具有典型地域特色和民族特色的传统村落。截至2020年年底，全市共有16个村落被列入中国传统村落名录。这些村落的形成历史久远，包含了大量传统民居建筑、文物古迹、旅游名胜等物质文化遗产，也传承了民风民俗、民间技艺、传说故事等多姿多彩的非物质文化遗产。《绵阳市传统村落志》以这16个各具风采的传统村落为记载对象，旨在以点带面，概要反映绵阳传统村落发展的历史和现状，展示绵阳乡村文化资源的独特风貌和魅力。

与传统志书的编纂形式不同，《绵阳市传统村落志》在体例上采用纲目体，主体框架为“基本村情+特色内容”，以反映传统村落的特色内容为主，基本情况为辅。其中，基本村情部分主要包含位置境域、历史沿革、选址格局、自然环境与资源、人口与民族、经济民生状况等要素内容；特色内容部分以反映传统村落的传统建筑、文物古迹、旅游名胜、特色文化、风土民情、本土名人等方面情况为主。在具体编纂方法上，则尽量精简文字、增加配图，力求达到比传统志书更为生动、直观、简洁的效果，使之更能突出传统村落的鲜明特色，并适应当今普通读者的阅读习惯。

编纂《绵阳市传统村落志》是充分发挥地方志的存史、资政、育人功能的一项重要举措。我们希望通过这部志书，让绵阳传统村落的重要价值得以彰显，从而吸引更多的有识之士关注和支持传统村落的强化保护与合理开发、传承特色和融入现代，为推动绵阳市的乡村振兴尤其是发展乡村旅游、创新农村农业发展道路起到启示和助力作用。

编者

2022年7月

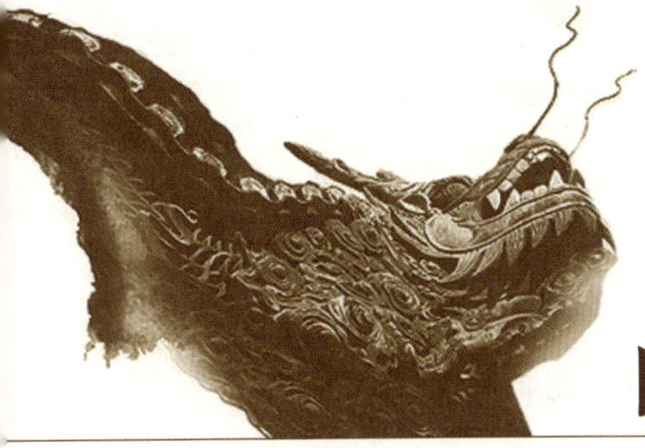

目录

概 述

自2012年4月中国传统村落调查与认定工作开展以来，为最大限度地挖掘有保护价值的传统村落，绵阳市积极开展了传统村落的调查摸底工作。截至2020年12月，全市共有16个村先后入选第二、三、四、五批中国传统村落名录，60个村入选四川省传统村落名录（其中部分村落既是中国传统村落，也是四川省传统村落）。入选中国传统村落名录的分别为第二批的江油市二郎庙镇青林村、北川县马槽乡黑水村和青片乡上五村；第三批的游仙区魏城镇绣山村；第四批的涪城区丰谷镇二社区、游仙区盐泉镇上方寺村、刘家镇曾家垭村、魏城镇鱼泉村、魏城镇铁炉村、安州区桑枣镇红牌村、平武县虎牙藏族乡上游村、平武县白马藏族乡亚者造祖村、平武县木座藏族乡民族村、盐亭县大兴回族乡青峰村；第五批的盐亭县黄甸镇龙台村和梓潼县文昌镇七曲山村。本志记述对象主要是上述16个绵阳市境内的中国传统村落。

传统村落是农业社会主要的人类聚居形式，最早聚集于资源、交通等优势区域。随着农业人口数量增加，逐渐向资源、交通等非优区扩散。绵阳传统村落的分布与绵阳古代交通系统有着密切的联系。历史上四川境内，东北方向有连接中原地带的古蜀道阴平道、金牛道、米仓道和荔枝道，西北、西南方向有连接西藏、云南的川藏、川滇茶马古道。除以上主线以外，还有若干支线及水路，构成了一个庞大的古代交通网络。绵阳市是成都平原北上中原、西北通往少数民族地区的交通要塞。绵阳城区是古金牛道和阴平道的交会之处：阴平道自甘肃陇南南下，经平武县南部、江油市到绵阳城区；金牛道自陕西汉中南下，经梓潼县、游仙区到达绵阳城区。绵阳市东南部的三台县、盐亭县是成都平原至巴中经米仓道出川的必经之地。绵阳市安州区、北川县和平武县是通往九寨沟、松潘、茂县的川西北交通要冲，这些地区分布着数量众多的茶马古道。绵阳市很多传统村落中可见大量的古道遗迹，它们留下了宝贵的物质文化遗产，见证了古代经济的发展和文化的进步。即使到现代，一些偏远村落中仍然有马帮活动的身影。

绵阳传统村落的形成年代、人口构成与绵阳市的发展历史息息相关。据统计，截至2020年12月，绵阳市境内的传统村落形成年代在明代的共31个，元代及以前的有15个，清代及以后的有14个。汉族人口绝大多数来源于明清时期“湖广填四川”，移民呈家族式迁移、定居、繁衍生息。传统村落中常以一姓或几姓为主，同姓居住地相对集聚，形成固定村落。

传统建筑是构成传统村落的重要元素。绵阳传统村落现存传统建筑一般是就地取材，利用当地盛产的石材、木材、泥土和竹建造而成。但不同地区和不同民族，传统建筑在外观、空间组织、组群布局、建筑材料及装饰艺术等方面各有不同。距离绵阳中心城市越近、交通条件越好的地区，传统建筑受破坏的程度越大，而在北川、平武、梓潼和盐亭等地区，传统建筑的留存较好。

绵阳传统村落中的汉族民居建筑结构多为穿斗式木构架，悬山式“人”字水瓦屋顶，前坡短、后坡长，大出檐，造型空透轻盈，色彩清明素雅。以庭院式为主要形式，基本组合单位是“院”，并用檐廊来联系各个房间，平面类型有一字式、“L”形、三合院、四合院。建筑选址重视风水，因地制宜，依山傍水，错落有致。民居多近农田，便利耕作，呈大分散小集中的星罗棋布式布局。讲究风水环境艺术的追求，注重人工绿化的营造，房前屋后常植花草竹林果树，与自然环境协调融合。在北川、平武等地的少数民族聚居的传统村落，传统民居的建筑方式与当地的气候、地形地貌、生产劳动方式等密切相关，并体现出浓郁的少数民族装饰风格。如北川羌族村寨的板屋吊脚楼和石砌碉楼，平武藏族村寨的藏式老寨房和板屋土墙房等。

传统村落作为传统文化的重要载体，沉淀了深厚的历史文化信息和大量的珍贵文物。绵阳市境内的全国重点文物保护单位和省级文物保护单位中，分布于传统村落内的数量分别为5项和11项。其中，全国重点文物保护单位有马鞍寺、鱼泉寺、青林口古建筑群、剑门蜀道遗址、七曲山大庙，省级文物保护单位有北山院摩崖造像及刻经、圣水寺摩崖造像、石堂院石刻题记及摩崖造像、飞鸣禅院、大寨子遗址、太平桥、文星庙、桅杆垮张氏民居、真常道观、蓝池庙、柏林天主堂。

非物质文化遗产活态传承是传统村落的特征之一。在绵阳市的国家级和省级非物质文化遗产项目中，绵阳传统村落中传承的国家级和省级非物质文化遗产分别有4项和21项。其中，国家级非物质文化遗产有羌族的民俗“羌年”、白马藏族的传统舞蹈“跳曹盖”、江油市青林村的体育与杂技“高抬戏”以及梓潼县的传统音乐“文昌洞经古乐”；省级非物质文化遗产有民间音乐“羌笛演奏技艺”、民间舞蹈“羌族沙朗”“平武虎牙藏族斗牦牛”、民俗活动“羌族婚俗”“文昌出行”“文昌祭祀”，传统杂技与竞技“羌族推杆”，传统手工技艺“羌族水磨漆艺”“羌绣传统刺绣工艺”“毛笔制作技艺（炳林毛笔制作技艺）”等。除此以外，绵阳传统村落中还包含有众多市、县级及地方非物质文化遗产，如木雕、石刻、草编等传统技艺，山石河湖、家族、人物等传说故事，婚嫁丧娶等民风民俗，音乐、舞蹈、戏剧等民间艺术。这些非物质文化遗产的民族、地域特色鲜明，体现了劳动人民的智慧和传统农耕文化的深厚积淀，至今仍以活态形式传承延续。

从2012年起，绵阳市加强了对传统村落的保护、开发和利用。截至2020年，全市共投入专项资金4000余万元和其他各类资金2亿余元，实施污水垃圾处理、民居修缮、文物保护、村道建设、公厕修建等项目，切实改善村落人居环境和基础设施。根据各地实际，健全传统村落古建筑群的保护制度，加强对古建筑的修缮，实行住户申请、村镇初审、市级审批的报批程序，有效保护传统村落的外貌、风貌。坚持“保护为主，合理利用、改善环境、有效管理”的原则，正确处理传统村落保护和发展之间的关系，在有效保护古村落文化遗产、延续传统生产生活方式的基础上，适度发展特色旅游，增加农民收入，促进乡村振兴。

（符娟林　黄文忠）

涪城区
丰谷镇二社区

▶ 基本村情

涪城区丰谷镇二社区位于涪江之畔、绵阳城区南郊，历史上因水运码头和盛产井盐、烤酒、缫丝而闻名。2016年12月，该社区被列入第四批中国传统村落名录，成为绵阳市城市近郊唯一入选的村落。

丰谷镇二社区（丰谷镇/供图）

位置境域 丰谷镇二社区位于绵阳市主城区南郊14千米处，丰谷镇胜利路以东，距丰谷镇政府0.5千米，地理坐标为北纬31°19′、东经104°45′。社区东临涪江，西、南两面与团结村相接，北与工农村相连。社区面积1.25平方千米，属于场镇中心地段与传统村落接合地带。

历史沿革 汉高祖六年（前201年），涪县设立，丰谷镇境被命名为“铜牟训”，为涪县练兵场所。隋代镇境发现井盐，吸引外来人口定居。明万历年间（1573—1620年），丰谷镇境设井盐课司。据明天启《新修成都府志》记载，当地新开两口盐井，“一曰丰井，一曰谷井”，由此得名丰谷井。清康熙年间（1662—1722年）发大水，绵州成为泽国，移州判署于丰谷。清雍正九年（1731年）至嘉庆六年（1801年）丰谷设州判和分州判。1912年，改丰谷井州判为绵阳县分知事，丰谷镇二社区境设一保、二保、四保。1951年，丰谷镇二社区境设二、三、四居委会。1997年，原二、三、四居委会合并为丰谷镇二社区。2020年5月，丰谷镇一、二社区合并，成立丰谷镇二社区居委会。

选址与格局 丰谷场镇二社区位于涪江西岸，传统村落依江而建，集中于丰谷场镇北街、东街，呈带状集中连片分布，是典型因交通要道而形成的古村落。当地人用“青龙守河口，白虎吼场头，象鼻卷文昌，凤凰撵马走”这四句话来形容丰谷场镇二社区传统村落的选址格局。青龙指营盘山至大佛寺山梁场镇坐东向西，位于村落左侧（称为青龙），涪江来水方向称之为“河口”。白虎指白虎梁，位于村落右侧，亦是村落入口（称场头）。象鼻即余家梁子，位于村落西侧，因其外形极似象鼻。文昌指文昌庙。凤凰即位于村落西南的鼓儿梁和张家梁子，西山组合起来极似凤凰展翅。马指马鞍山位于村落东南。上述地形形成凤凰展翅撵着马由西向东去的独特地形。

丰谷镇二社区东街（丰谷镇 / 供图）

丰谷镇二社区明代以前以涪江古码头为起点，逐步集聚人口、商户，发展形成现东街区域。明末清初，战乱导致四川人口凋敝，各省移民入川，逐渐建起湖广、江西、山西、陕西等会馆，形成现老北街区域，其建筑形态各异，体现了当时各省的建筑风貌。清代后期，随着人口的集聚增加，场镇又渐向南街区域扩展。在南门建五岳庙、灵官楼、龙王庙、禹王楼等庙宇，并分别在东南西北四门建城门，以黄泥筑围墙。“文化大革命”期间，城门、寺庙及会馆被销毁，只有陕西馆保存至20世纪80年代，后因建丰谷粮站而被拆除。

自然环境与资源 丰谷镇二社区属于冲积河滩地貌，依山傍水，地势较平坦。最高点为放羊山，海拔477米；最低处渡口，海拔429米，相对高差48米。属亚热带温润季风气候，年均气温20℃～28℃，年均日照1378小时。无霜期约320天，霜雾少，霜期短。降水充沛，夏季有暴雨灾害。水文条件较好，主要河流为涪江。阔叶林居多，有柏树、香樟、黄桷、银杏等树种。

人口　2020年，丰谷镇二社区有5个居民小组，1975户，总人口3086人。外来临时居住人口常年保持在3000人左右。

经济民生　2003年，丰谷镇二社区被纳入丰谷镇古镇保护规划，启动传统村落保护工作。2013年改造场镇街道，安装路灯126盏，种植场镇绿化树木650余株，安装污水管网1800余米，场镇街道均设置弱电管网。2015年，对萝卜丝巷进行修缮保护。2019年，对传统村落各院落的污水、雨水管网及2座公共厕所进行改造提升，兴建望江休闲广场。2020年，涪城区住建局制订传统村落保护性总体规划，启动对东街近700平方米古建筑的修缮保护工作，改造公共厕所6座、院落污水管网1100米、雨水管网850米。

截至2020年，社区共有街道11条、小巷22条，街面实现硬化、绿化、亮化，排水系统完善，辖区供电、供水、网络系统完备。社区集体固定资产65万元，主要是社区办公场所房产。有低保户17户，享受廉租房补贴31户。有群众文化组织5个，非物质文化遗产项目4个（其中省级1个、市级1个、区级2个）。有酿酒、制丝等数十家企事业单位，以及个体工商户160余家。

▶ 遗址遗迹

古盐井　丰谷的井盐生产起源于隋唐时期，有1300余年的历史。明清时期，丰谷井盐生产兴盛。清代绵州诗人何人鹤过丰谷井有诗云，“十里生烟盐客灶，一湾柳系贾人船”，描写丰谷盐业生产的繁荣景象。民国时期，丰谷盐井主要分布在余家湾、马鞍山、二道桥、三道桥和坪上等地，共有盐井230余口、盐灶30余座，月产盐1350余担，产卤水2.9万余担。全镇有盐业工人700余人，老板管家100余人，约占丰谷井场镇总人

皮袋井遗址文物保护碑（丰谷镇 / 供图）

丰谷盐井起源地——皮袋井遗址（丰谷镇 / 供图）

口的一半。镇境到处分布有盐井、井架和四通八达的输卤枧管。中华人民共和国成立初期，全镇有盐井200余口，月产盐100吨。随着井盐资源日渐枯竭，至1980年后小盐厂全部停产，盐井也因城市建设而多被填埋。

丰谷镇二社区现存皮袋井遗址，位于罗汉寺山脚下肖家湾临江边。据文献记载，皮袋井是丰谷最古老的盐井，开发于隋代，为绵州盐业的创始井之一。根据民国《绵阳县志》记载：“州东南四十里罗汉寺山麓，古井也……今每日携皮袋盛水斗余，可煎盐百斤。”皮袋井与丰谷其他盐井有两点不同：一是井口大；二是不用竹筒吸卤水，而是用皮袋盛装。1985年，皮袋井被绵阳市人民政府公布为县级文物保护单位，现为涪城区文物保护单位。

古码头渡口 丰谷镇二社区紧邻涪江，涪江在此段形成洄水湾，有近一千平方米水面，河面宽数百米，水深数丈，适宜停泊大小木船。丰谷码头紧靠场镇东、北栅门子，装卸货物十分方便。丰谷镇水路经涪江通达遂宁、南充、重庆等地，陆路通达阿坝、成都、广元乃至陕甘等地，商贸活动长盛不衰，是绵阳、三台两县交界处最大的物资集散地。丰谷本地及周边地区出产的盐、酒、生丝、麦冬、粮食等产品经涪江可以运往重庆、上海等地，同时采购当地所产货品运销至川北地区，码头每天停靠的船只不下五六十只。直到20世纪中叶，丰谷码头在涪江航运中仍然发挥重要的作用。

丰谷场镇北门、东门各有渡口，上渡出北门过渡通松垭乡，下渡出东门外过河下行到三台永明乡界。据传，清康熙年间（1662—1722年），涪江涨水改变河道之后，左岸马嘶渡坝里的人到丰谷井赶集，要过两道小河，一道大河。由于人多船少，等船过河的人滞留于河岸，甚至产生了供等船人歇脚的“河坝店子”。为方便涪江两岸往来客商及乡脚，同治年间（1862—1874年），当地乡绅林洪兴等人捐资在涪江两岸兴建渡口，名为“马嘶渡”。民国初期改称“潼绵新仁和义渡”。渡口每日过往行人数千人。中华人民共和国成立后，绵阳县成立渡口管理所，马嘶渡由丰谷渡管站管理，过渡船也由人力撑船改为机动船过渡。2002年塘汛大桥建成后，丰谷渡口客流量骤减，日渡人不足1000人，日渡车不足20辆，但至今仍保留使用。

丰谷渡码头（丰谷镇/供图）

天佑烧坊遗址（丰谷镇 / 供图）

天佑烧坊 清康熙年间（1662—1722年），移民入川的陕西人王秉政在丰谷镇买地置窖，以大甑酿酒。其所酿曲酒，用料讲究，工艺精湛，酒香醇厚，清澈回甘，深受顾客欢迎，声誉不胫而走。康熙三十九年（1700年），王家向州府申报，成立“天佑烧坊”，并以李白“花间一壶酒”诗意画为商标，以罐装应市，风靡一时。王家后人继承酿酒家业，并不断发扬光大。至1930年，天佑烧坊发展成有8个老窖的酒坊，最盛时期年产酒30~40吨。中华人民共和国成立后，天佑烧坊与梁家烧坊、许家烧坊合并，于1955年成立丰谷酒厂。1957年，由绵阳县丰谷酒公司收归国有。至20世纪末发展壮大成为绵阳市最大的酿酒企业——绵阳市丰谷酒业有限责任公司。天佑烧坊遗址今为丰谷酒厂酿造车间。

▶ 传统建筑

丰谷镇二社区全部传统建筑物占社区建筑总面积的比例为20%。已命名的市级历史建筑7处，未命名的历史建筑多处。有连片的穿斗木结构川西北旧民居6000余平方米，以及酒坊、寺庙、书院、货栈等传统建筑遗存。社区内传统民居建筑样式丰富，有“一”字形、“L”形、三合院、四合院，建筑结构多为“人”字水斜屋面、青瓦屋顶、穿斗抬梁式结构，具有典型的四川民居特点。现存有陶家大院、党家大院、狮子龙门等清代民居建筑。

丰谷镇二社区传统民居群（丰谷镇 / 供图）

陶家大院　位于南街萝卜丝巷，是社区中规模最大、保存最好的一处传统民居。始建于清乾隆年间（1736—1795年），至今已有200余年。据考证，陶家院子为陶海峰、陶文禹、陶学述3人所有。陶家是清代丰谷场镇的

陶家大院（黄家明/摄）

大家族，鼎盛时期家族产业占当时场镇面积的一半。大院是典型的清朝川西北地区四合院结构，占地面积800余平方米，建筑面积580平方米。整个大院由前院、门楼、后院组成，院内青瓦、青砖、木扇门，门窗楼阁上精美的木雕栩栩如生。前院为悬山式屋顶，穿斗式结构的小青瓦屋面，面阔三间，进深一开间，中部为天井。门楼建造在1.7米的九级台阶上，三重檐，歇山式结构，门楼的石刻雕有蝙蝠、凤凰、雄狮、花饰等图案，工艺精湛。陶家院子房屋保存完好，现由4户居民居住。2017年，陶家大院被列入绵阳市首批历史建筑名录。

隆升号旧址（丰谷镇/供图）

隆升号 位于隆升巷，为旧时货栈（俗称货垛子），主体结构保存完好。隆升巷深80余米，设有2道龙门，巷道两边为穿斗木结构小青瓦房屋，巷内设多家商铺。孙家开设的“隆升号”店面最大、生意好，后被改为当铺，取名“仁和园”，用作典当，又可作为货垛子，主要用于商队、船队存货、住宿。房屋占地面积750平方米，保存完好，现由多户居民居住。

丰乐书院 位于北街，建筑面积约100平方米，砖木结构。清同治十一年（1872年），丰谷井乡绅梁成彦等为弘扬文教，改善当地子弟就学条件，经与丰谷井州判庆良商议，报请绵州知州牧文枈批准，发起募捐，购入当地惠姓老屋，创建成立丰乐书院。学舍共20余间，生童并课。清光绪十九年（1893年）至光绪二十年（1894年），丁忧回籍的绵州著名文人、时任渠县训导陈潒应聘主讲。光绪三十二年（1906年），丰乐书院改为绵州南三区丰乐高级小学校。1926年，改为区立第二小学校。现址为民居。

华严寺 位于丰谷井北街靠放羊山处，建筑面积1500平方米，砖木、砖混结构。据传隋代丰谷因盐兴旺，皮袋井附近一寺庙香火日盛，人们将一位早期驻锡，并圆寂在此的游方僧奉为罗汉，寺庙遂改称“罗汉寺”。清代，由于井盐业发达，丰谷场镇百业兴旺，当地人认为是游方僧给丰谷带来了繁荣，就在放羊山下离渡口不远的山边又建起一座“华严寺”，并将罗汉寺搬迁至此，传承至今。

▶ 特色文化

船工号子 丰谷镇旧时为水运码头，当地船工在劳作时习惯喊号子，用于激励士气，协调行船。涪江中上游水域暗滩短、多、陡，丰谷船帮的船工号子内容简短、爆发力强，讲究单字、两字、三字的变化，常见的有“嘿、嗬、哟、嗨、嘿着、啊啰啰、花儿红、海棠花”等特定短语。单字警拔，两字沉着，三字俏皮。船工号子主要领喊者水情娴熟，技术精湛，有号召力，善于将行船的指令融入号子。船行江上，领喊者见物喊物，见事喊事，押韵合辙；响应者应答风趣，情绪饱满，执行有力。

炳林毛笔 炳林毛笔的开创人罗炳林，继承祖上的制笔技艺，民国时期就在丰谷井北街（今丰谷镇二社区境）开办制笔作坊。其毛笔选用上好的羊毫、狼毫、紫毫、石獾针毛等材料做笔尖，各种优质竹、木材做笔杆，每一支笔都经过清洗、消毒、梳理、墩齐、搭配、晾晒、捆扎等60多道工序精心制作完成，产品“尖、齐、圆、健”，远近闻名，有“罗笔客”之称。第六代“罗笔客”传人、罗炳林之孙罗松在掌握家传技艺的基础上，先后远赴江苏、浙江拜师学艺，集名家之长，补罗氏制笔之短，进行改进和创新，并于1998年注册成立“炳林笔庄”。他制作的纯羊毫长峰，其毛如羊脂温润、细腻，软中带韧；兼毫毛笔，弹力适中，硬中带柔，深受广大书画爱好者好评。2011年，炳林毛笔被列为四川省非物质文化遗产保护项目。

炳林毛笔及其传人罗松（丰谷镇 / 供图）

鑫田粮艺的传承人潘德贵（丰谷镇 / 供图）

鑫田粮艺 粮艺画是一种起源于传统农耕文化的手工艺品。其制作方法是用五谷杂粮通过粘、贴、拼、雕等手段，将其附着在事先勾勒好的山水、人物、花鸟、文字等图案底稿上，再经过特殊的工艺处理，最终形成由五谷杂粮构成的线条细腻、色彩鲜明的完整画作。鑫田粮艺的传承人潘德贵是丰谷镇二社区人，参军复员后曾在丰谷粮站从事粮食的收储加工工作，在祖父和叔父的影响下学会粮艺画制作技艺。2000年，潘德贵成立“鑫田粮艺工作室”，专心创作粮艺画，并招收学

鑫田粮艺作品——丰谷井（组图之一）（丰谷镇 / 供图）

鑫田粮艺作品——孔子像（丰谷镇 / 供图）

徒，以传承发扬这一传统技艺。他不仅创作了民俗、书法、油画、国画等多种风格的粮艺画作品，还摸索出粮食种子的防腐、防霉、防蛀处理方法，其作品数十年甚至百年不变形、不褪色、不腐烂、不虫蛀，解决了粮艺画制作和保存的难题。2008年，鑫田粮艺被列为绵阳市市级非物质文化遗产保护项目。其代表作品《农耕图》在2010年8月中国文联、中国民间文艺家协会主办的“第五届中国民间工艺品博览会”中获金奖。

▶ 地方美食

抓油饼子 是丰谷镇上有名的小吃。其传统做法：先将猪板油或肥膘排剁成茸，发酵好的面团擀开成皮，再把膘茸在面皮上均匀涂抹，撒上葱花，然后把面皮卷成筒状，扯揉成面团，将其擀成柿饼状，入烤炉中烤制，先中火后小火，烤至色泽牙黄、外皮酥脆即成。烤饼的炭要用“二炭”（即烧过但未燃尽的炭），以免火力过大燎焦面皮。丰谷抓油饼子尤以东街口摆摊的姜饼子最受欢迎，其烤制的饼子香气扑鼻，入口酥软化渣。

五香豆腐干 丰谷镇传统的五香豆腐干以当地及周边丘陵山区出产的小金黄豆为原料，其制作工艺颇为讲究：在豆腐干上刷上一层盐水，待豆腐干入味后，再刷上一层豆浆；待豆腐干表面略干，再依次刷上豆油、芝麻油、花椒油，晒至七分干，入卤水中煮至发胀，捞出再晾干，刷上芝麻油即成。丰谷五香豆腐干咸香适口，既能当下酒菜，又能当街边小吃，深受民众喜爱。

▶ 人物传略

安居泊（1910—1990） 原名安光斗，字居北，丰谷镇二社区人。安居泊自幼学习书法，70余年坚持不辍。长期临摹汉碑、魏碑、唐碑、宋帖，擅长欧体兼赵、颜、板桥诸体，并在传统基础上潜心研究，逐渐形成奔放、秀逸的风格，在市内众多书法家中独树一帜。他亦擅长国画，尤以水墨写意花鸟、山水和梅兰竹菊四君子为佳，其画法杂糅石涛、八大山人、扬州八怪诸家技法，形成自己的风格。安居泊遗墨甚多，山东曲阜孔庙、河南嵩山少林寺以及四川省内的峨眉山、青城山、窦圌山、江油李白纪念馆、新都宝光寺、梓潼七曲山大庙等风景名胜都留有其墨迹。其作品多次参加各级书画作品展并获奖，部分作品被四川省书画院收藏。

（张　寻）

游仙区
魏城镇绣山村

▶ 基本村情

游仙区魏城镇绣山村是位于川陕古盐道上的传统村落。该村有始建于唐代的石堂院、建于清代的三教院等文物古迹，有远近闻名的地方美食“东乡饼子”。2014年11月，该村被列入第三批中国传统村落名录。

绣山村村景（魏城镇绣山村/供图）

位置境域 绣山村位于游仙区魏城镇南3千米，西距绵阳市区25千米。地处岷峨山麓南、天马山北之间的狭长地带，地理坐标为北纬31°32′、东经104°56′。东以岷峨山岭为界、与青云村相连，南接信义镇大垭村，西与仙海区桃花村、铜瓦村接壤，北接红岩村。村域面积8.8平方千米。

历史沿革 绣山村古地名为赵瞿沟、赵渠沟，汉属涪县，蜀汉、晋属梓潼郡。西魏废帝二年（553年），置魏城县，绣山村境属魏城县。元世祖至元二十年（1283年），撤魏城县入绵州。1913年，以绵州地域建置绵阳县，绣山村境为魏城乡地字保。中华人民共和国成立后，绣山村属魏城乡管辖，编为魏城乡第五管理区。1956年办小社，取名绣山社。1958年办人民公社，仍为魏城乡第五管理区绣山社，辖16个小组。1960年下半年撤第五管理区，分设绣山村、六合村，绣山村辖8个生产队。1964年编为魏城乡第三农业生产大队。1986年，魏城撤乡建镇，绣山村辖10个生产队。1993年撤区、并乡、建镇时，绣山村属绵阳市游仙区魏城镇。2019年10月，魏城镇、东宣乡、徐家乡合并，建绵阳市游仙区魏城镇，绣山村和六合村合并，名绣山村，隶属于魏城镇。2020年9月，原绣山村10个村民小组合并为6个；原六合村11个村民小组，合并为7个。

选址与格局 绣山村的地形是典型的“两山夹一沟”，东面岷峨山、西面天马山，两山之间为赵渠沟。北面的新胜水库，灌溉着赵渠沟所有的农田。村中一条小溪自西向东流过，汇入魏城河的支流石板河。村落房屋分布在山沟坡地和平坝中，依地势形成了“李家湾”“郭家湾”“任家湾”“桅杆坪”“方家湾”“贾家湾”“杜家坝”“王家湾”“佟家湾”“桩子坝”等聚居地。山坡上植被丰茂，山沟中农田成片，人居环境宜人。

自然环境与资源 绣山村为丘区地貌，海拔450~550米。属亚热带湿润季风气候，年平均气温约18℃~19℃。降水充沛，年降雨量969.6毫米，降雨主要集中在夏秋两季。全年四季分明，气候温润，日照充足，年均日照1278.3小时，无霜期280天以上。山清水秀，土地肥沃，森林覆盖率达50%以上。绣山村三面青山环抱，植被丰茂，以柏树居多，另有少量的松树、青杠树、槐树及一些灌木。全村耕地面积196公顷，其中水田87公顷、旱田109公顷。

人口 2020年，绣山村共有13个村民小组，975户，户籍人口3015人，常驻人口1800人，主要是汉族。村内有郭、黄、李、王、佟、杜几大姓氏。郭氏是魏城的诗礼之家，唐代郭子仪的后代；黄氏是明代蒙自县丞黄立柱的后代。其余主要姓氏，王氏来自剑州，李氏来自祁阳，杜氏来自南部。

经济民生 绣山村基础设施较为完善，截至2020年全村已实现路通、气通、电通、电信通、电视通等“五通”。2018年以来，结合汶川特大地震灾后重建，村内实施了道路新（扩）建和改水改厕工程，道路交通实现内外通达，饮用水合格率达98%，卫生厕所的覆盖率达90%，乡村人居环境明显改善。

绣山村经济产业主要是传统农业，主要农作物有水稻、玉米、小麦、油菜等，同时发展栽桑养蚕、养猪、养鸡等副业。2020年，全村农民人均收入22758元，村内贫困户人均年纯收入基本达到农村居民最低生活标准和“两不愁”“三保障”的要求，全部实现脱贫。

▶ 名胜古迹

石堂院 又名石堂观，位于绣山村三组的岷峨山麓。唐初因石而建堂院，故名石堂院。据清同治《直隶绵州志》载：“石堂观，治东六十里

石堂院全景（游仙区地方志办公室 / 供图）

岷峨岭下，创自李唐，明末毁于兵燹，康熙中里民任作斌重修，乾隆五十一年僧源明培修。”石堂院倚绝壁奇石而建，原有院宇十余间，后被拆除，仅存山泉、部分题刻和摩崖造像。其地貌酷似江油窦圌山之形，坐北向南，七石悬空，峥嵘雄奇，唐宋清各代题刻分布其间，有“魏城小窦圌山”之美称。现存题刻行、楷兼备，秀雅犀利，有唐元和四年（809年）推官沈杞与兄沈超游石堂院而作的“崔文公魏城灵泉记”题刻一则、北宋太平兴国六年（981年）题刻两则、南宋绍定年间题刻一则、明万历二十二年（1594年）题刻一则、清光绪年间（1875—1908年）及近代题刻若干。石堂院摩崖造像雕镌于大殿后大石上，有佛教造像十三龛，因年久风化，仅六龛保存较好。龛均为圆拱形，高35~100厘米，立于莲台上的佛像一尊，面目丰满，头戴冠，项挂璎珞，着圆领大袖长衣，两目微合，手施无畏印。其余两龛均为一佛二弟子，佛戴冠，挂璎珞，着圆领

石堂院（贾宗强 / 摄）

石堂院摩崖造像（游仙区地方志办公室 /供图）

石堂院第一龛立佛（游仙区地方志办公室 /供图）

大袖长衣，跏趺坐于莲台，两弟子侍立左右。石堂院于1985年被公布为县级文物保护单位，2012年被公布为四川省文物保护单位。

三教院 位于绣山村八组、天马山东麓，隔赵渠沟正对石堂院。因集儒释道三教于一院而得名。初建于明代，后被毁。清光绪三十二年（1906年），在三教院设第七学区第十六初级小学校，中华人民共和国成立后改为绣山村小学。现寺院为1983年由百姓集资再建的四合院。

院前两棵古柏并列阶梯两侧，树围两米有余，高十多米，高耸秀丽，壮健无老态。院侧前斜生出一奇石，如金蟾蹲踞，朝向石堂观。金蟾下建一小庙，香火旺盛。

院内有2座清代石碑，分别为刻有清嘉庆元年（1796年）汪旭撰《重修三教院记》、嘉庆二年（1797年）功德碑记、光绪六年（1880年）郭文明撰《牛王胜会》和《文昌胜会》碑记。院东侧坪地有三根2米余高的八棱石柱，为“四角扳爪”戏楼的构件。三教院旧有观音会、牛王会、文昌会，逢会期远近香客前来赶会，甚是热闹。

三教院（凌弘/摄）

古盐道（游仙区地方志办公室 /供图）

古盐道 位于绣山村三组岷峨岭，在通往山梁的崎岖山道上。古盐道宽度在2米左右，由不规则的条石铺就。据史料记载，原盐泉县（今游仙区盐泉镇境）出产盐卤，其外运线路有三条：一路从盐泉出发往三台柳池，经三台到遂宁，往下运送到川南地区；一路经绵阳运到成都等川东、川西地区；一路则经岷峨岭到魏城，再经梓潼运送到川北广元等地。

传统民居 绣山村保留有少量清代修建的木架房屋民居，还有部分二十世纪七八十年代修建的夯土民居。近年来为发展乡村旅游业，又恢复重建了仿古式砖木建筑李家祠堂、郭家大院。

佟家祠堂为村内保存较为完好的清代民居，现存三间，为穿斗式全木构架、悬山屋顶。前后七柱落地，前廊仅剩中部。该祠堂屋身的柱、枋、穿、门、窗、壁等全部用木材构造，户牖有多种样式的雕花。旁有祖屋，抬梁与穿斗相结合。面阔两间，右侧山面用五柱穿斗，其余前后施四柱。柱落石础，硕大坚固。柱间砌土砖为墙，室内四步五檩，抬梁前带一穿，脊瓜柱无叉手，瓜柱用驼峰。前廊用一穿，后接砖房一间。悬山屋顶，覆小青瓦。

宗支碑 全称“大唐皇帝敕封汾阳忠武王郭令公（讳）子仪后裔宗支碑”，2012年，清明节立，位于绣山村二组郭家湾桅杆坝。青石制作，碑高5.66米，四方形、每边长0.82米，碑正面文字为“大唐皇帝敕封汾阳忠武王郭令公（讳）子仪后裔宗支碑”。东侧记载绣山村郭姓的起源、迁徙、传承及郭氏名人等情况。绣山村郭姓祖籍山西，始迁江西抚州，再迁湖南湘乡、邵邑大湄，清康熙五十七年（1718年）入川，先居邻水县九龙场，后迁三台县观音桥，清乾隆中期迁居魏城。碑后刻有原、新班序及族规、家训、圣谕。

▶ 土特名产

东乡饼子 是游仙区魏城镇一带独具特色的地方美食，因魏城镇清代后期属绵州东乡，故名。旧时魏城一带过往客商较多，行旅途中饮食多有不便，而东乡饼子以干香绵软、回味悠长著称，既经济实惠，又便于携带保存，故深受过往客商青睐，声名也逐渐远播。

“东乡饼子”的制作方法：用上等面粉加水，充分和匀、发酵、加适量烧碱，制成圆饼，盖印图案，然后将饼放入生有柴火的鏊子，上烘下烤，并适时翻转，直至两面微黄，内有扑鼻香味溢出。烤好的饼外皮筋

烤制东乡饼子（游仙区地方志办公室/供图）

东乡饼子（游仙区地方志办公室/供图）

道、饼芯松软，香气扑鼻，可直接食用，也可夹菜、切片煎炒佐菜，或放入羊肉汤内泡着吃。经过多年发展，现在的东乡饼子不仅有白面饼子，还增加了红糖、白糖、方酥、油旋、椒盐等多种口味。绣山村以制作东乡饼子出名的有王文学、柯饼子、李饼子等。

魏城晒席 据《绵阳市供销合作社志》记载，魏城竹源丰富，以竹成席，经济效益高，因此多数农户会编晒席。魏城晒席产量大，质量好，年产2万床左右，远近闻名。特别是绣山陈家湾每户大小人口都会编晒席，他们择料严格、做工精细，晒席质地紧密、密不透光，可以晒油菜籽不漏，以经久耐用而闻名，各县用户专程到魏城购买。粮食收割季节，农民需要晒席，往往供不应求。

▶ 人物传略

郭锦仪（1761—1814） 字甲航，号笏堂，清代魏城绣山村人。14岁通晓经史，18岁入梓潼县学，成为廪生。清乾隆五十四年（1789年）中己酉恩科第十七名举人，时年29岁。中举后，曾掌教梓潼潼江书院、绵州左绵书院。他教学以德行为先，文艺次之，勉励学生务作正派端正之人。学生多来自绵州、保宁府、龙安府、潼川府等州县。居乡期间，在赵渠沟天马山麓建立乡塾兼山堂，培育乡中子弟。嘉庆十三年（1808年），郭锦仪应戊辰科大挑，列为一等，以知县试用。历署直隶雄县、临城、卢龙知县，题补盐山知县，因政务繁忙，在任上病逝。

（曹富兴　张　洁）

游仙区
魏城镇铁炉村

▶ 基本村情

游仙区魏城镇铁炉村村落形成于清代中期，村内有百年以上的夯土建筑群、古墓群，以牛王会、铁炉锣鼓等为代表的乡村民俗文化和传统农耕文化传承至今。2016年12月，该村被列入第四批中国传统村落名录，2020年被评为“四川十大最亮眼村居”。

铁炉村（李戴/摄）

位置境域 铁炉村地处游仙经济开发区东区，紧临绵梓经济产业带，地理坐标为北纬31°31′55″、东经104°59′50″。铁炉村东连李河沟村，南接荣发村，西接青杠村，北连七里村，距魏城场镇3千米，距绵阳城区27千米，距绵梓公路1千米，交通便利。村域面积7.36平方千米。

村名由来 铁炉村得名由来有两种说法。一是山川地貌形似铁炉说。铁炉村三山环抱，呈“n”形，此形酷似打铁用的锻炉，上方窦平山凸出一山梁，名曰“庙儿梁”，活像一个打铁用的大铁墩，右边的张家堰（今铁炉水库）恰似一个打铁淬火用的水盆。旧时便以地形称此地为“铁炉沟”。二是村域曾为铁器铸造地之说。三国时期，诸葛亮扼守川西，屯兵卧龙（今梓潼县卧龙镇），见铁炉村三面环山、植被茂盛，村子只有一个出口，地势险要，易守难攻。卧龙距此地十余里，此地又是金牛古道要冲，交通运输便利。故诸葛亮认为此地乃打造兵器的理想之地，遂令村内三十余户居民建造铁炉，铸造兵器。此地便成为家家有铁炉、户户会打铁的铁器铸造之地，因此被人们称为“铁炉沟”。

历史沿革 铁炉村村落形成的历史可追溯到清康熙年间，王、张、涂、贾等九大姓先祖自陕、川内外移民定居铁炉沟，聚姓而居。当时铁炉沟村境隶属于绵州魏城驿，被称为“东乡六里”。民国时期，村境属绵阳县魏城乡。1951年，属绵阳县四区（魏城区）。1958年，属魏城人民公社，被编为第九生产大队，简称“九大队”。1984年，属绵阳市中区魏城乡。1993年，属游仙区魏城镇。2020年，铁炉村与油坊村合并成立新的铁炉村。

选址与格局 铁炉村紧临古蜀道，依山而建，傍水而居。村域内有“一河三山十八湾”。“一河”指魏城河；“三山”指窦平山、涂家山和圣泉山；“十八湾”指涂家湾、王家下湾、邹家湾、贾家湾、何家边边、张家湾、水塘湾、王家上湾、袁家湾、范家湾、杨家嘴、郭家湾、桩子坝、何家湾、鲜家湾、杨家下湾、杨家上湾、王家坝。

俯瞰铁炉村，整个村落形似铁炉，又似一把圈椅。北面的“椅背”是窦平山，东面袁家垒、李家嘴、涂家山等几座大小山峰连成一串，构成东面的“左扶手”。西面圣泉山由北向南延伸，中部凸起，形似青龙盘踞，构成西面的“右扶手”。中部是平坦的良田，一条灌渠横贯南北，将铁炉村分成东西两部。村北中部连接窦平山一小山梁向村内凸出，名曰庙儿梁，梁上供“牛王”，是村内重要的庆丰收、谢耕牛辛勤劳作之场所，每年农历十月“牛王会”很是热闹。此梁仰可观三山风景，俯可看全村风貌。村北窦平山“送子观音庙”、村东涂家山东南角“水观音庙”、村西圣泉山“文昌圣泉院”是三处大型庙宇，均与人们祈求多子多福、风调雨顺、六畜兴旺的愿望相关。村西北角王家垭下武引斗渠穿山而出，每年5—6月分3次将涪江上游武都水库水引入铁炉村，与村内铁炉水库、涂家大堰、泉水湾水库和灵角堰等大小20多处水体一道，为3000余亩良田灌溉提供重要保障。村内自北向南小河沟、绕村3千米中型排灌沟直通涪江支流魏柳河，为主要排洪渠道。

铁炉水库（李戴/摄）

自然环境与资源 铁炉村属于丘陵地貌，海拔550~660米。境内地势坝田平坦、山地北高南低。属亚热带湿润气候类型，年平均气温15℃~18℃，年均日照1376小时；降水充沛，年平均降水量826~1417毫米；无霜期约290天，霜雾少，霜期短，主导风向为西北风。有山林5000余亩，耕地面积3105亩。

该村水文条件较好，村内有1座石河堰、1座小（2）型水库、3座提灌站，可接引四川武都引水工程水流至村域内灌溉。有大小塘堰、蓄水池80余座，有1条小河流，自北向南从村落坝田区穿过。村内植被种类丰富，以针叶树居多，包括柏树、松树。村内动物资源丰富，以野鸡、野兔、斑鸠、黄雀、麻雀居多。主要农产品为水稻、油菜、蚕桑、水果、青梅、芦笋等。

人口 截至2020年年底，铁炉村辖9个村民小组、805户，户籍总人口2747人，主要为汉族。据王氏、张氏、涂氏、贾氏等几姓祖先碑刻文字记载，上述几姓族人于清康熙、乾隆年间，分别自西秦泾阳县（今陕西省咸阳市泾阳县）、四川南部张家坪等地移民到铁炉沟定居，随后又有袁氏、何氏、杜氏、李氏、邹氏等族人迁移定居，分别居住在三山环绕的铁炉沟内自然天成的九大湾中，形成独特的“九湾九姓”居住文化。九姓人氏世代生息繁衍，从事传统农业生产及商贸活动，亦有少数优秀子弟读书入仕，形成颇具乡土特色的半封闭式农耕文化。

经济民生 铁炉村主要产业为农业和乡村旅游业。农特产品资源丰富，是游仙区菜篮子工程“菜满园”的蔬菜基地。截至2020年年底，有新型农业经营主体26户、农业公司2个、专业合作社1个、专业股份合作社1个、家庭农场7个。2020年，村民人均年收入为23981元。全村贫困户人均年纯收入达到城乡居民最低生活标准和“两不愁”“三保障”的要求，实现全面脱贫。

铁炉村基础设施完善，村中主要道路全部实现硬化，并直通村民家门口。有一环、二环线路和5个出口出村，交通便利。全村实现“路、水、电、气、网”五通。

▶ 传统建筑

传统民居 铁炉村民居建筑选址特别重视风水、讲究向址，顺应自然，又不拘泥于形式，格局依山、就湾、就势，整体风格与三山十八湾地形地貌、自然环境和谐统一，体现出人与自然融合的地理观、环境观和生态观。

铁炉村传统民居以夯土建筑为主，有四合院、小独院、长三间挂两厦和长三间挂一厦等建筑样式。大多为人字水、灰瓦屋顶，夯土墙、土砖墙或木架结构。以中间正房堂屋为中轴线，两边或单边分列。中间正房堂屋供奉先祖，用红布书“天地君亲师位”，或供神龛，或供先祖画像。正房两边为主房，一般用于住宿，但主要用于年长者、家庭主人住宿，晚辈及年幼者不得入住。正房东头房，叫转角屋，房间较大，也有分成两间的，用作厨房（俗称灶屋），屋中用石、泥打灶台一处。另一侧转角房和两侧房屋用于小辈们居住或用于粮仓、农用具堆放。

房屋一般没有独立的会客处，建房时会将街沿（即走廊）留得很宽，一般3米左右。八仙桌、小方桌、躺椅、圈椅、小板凳等会客桌、凳、椅都放在街沿上，来了客人均在此招待。正房后的接檐子，主要用于厕所、柴草房、小家禽家畜养殖、农具和杂物存放。转角屋侧面墙上会留一道小门，俗称“后门子”。此门直接连接菜园、果园、接檐子屋。

房屋前空地叫院坝，用石板、土、三合泥（泥、石灰、瓦砾）等铺平、硬化。院坝主要用于晒谷物粮食或草料，家庭大型聚会如红白喜事、生日庆贺等也作招待宾朋的场地。

铁炉村王家湾民居（魏城镇铁炉村 / 供图）

铁炉村民居古建筑均有雕刻、绘画特色。其内容有宗教礼仪仁智信者，多以宣传二十四孝为题材；有历史人物故事者，如岳母刺字、打金枝等；有日常生活趣事者，如猴子掰玉米、小孩捉蝴蝶等；有风水八卦者、双龙戏珠者、五福（蝠）临门者、福禄寿字者，不一而足。其雕刻手法有镂、透、圆，或兼而用之，有雕刻工笔者，也有写意者。部分古院落堂屋中梁，多画有太极图、龙图、蝙蝠图或花卉等图案。

铁炉村传统民居王家院子（凌弘 / 摄）

王家院子堂屋（李戴 / 摄）

铁炉村曾因交通闭塞，经济落后，到2000年村里80%的民房还是土坯房。至2019年，铁炉村中尚保存有70余幢土屋，大多是中华人民共和国成立初期建筑，最“年轻”的土屋也有40多年历史。2019年5月，省住建厅将铁炉村作为新夯土建筑试点村落，对46户约8000平方米的具有保护价值的土坯房以现代夯土技术进行修复。新夯土建筑采用混凝土框架加钢筋结构，墙体由黄泥、河沙、水泥、石子、纤维、黏合剂6种材料搅拌夯实而成，相较传统建筑技术，强度更高，抗震能力更强，同时彻底解决了老土坯房室内采光差、室内无法如厕等弊端，完全满足了现代居家需求。依托独具地方特色的新夯土建筑群，铁炉村积极发展观光民宿、农事体验、休闲康养等乡村旅游项目，乡村旅游产业方兴未艾。

铁炉村新夯土建筑民居
（魏娟 / 摄）

铁炉村新夯土建筑民居
（贾宗强 / 摄）

铁炉村新夯土建筑
——铁炉书院
（李戴 / 摄）

涂家院子 位于村东涂家山下涂家湾中，房屋选址左边是松林坡、右边是老鹰嘴，堂屋取“左为大”之意位偏左而居。院子始建于清末时期，由儒商涂显洋主持建修，历时4年建成。涂家大院是一个典型的四合院，有正、侧、下主房16间，南北两角向外延伸建有磨房、圈房十数间。房子高两丈余，均为两层，正面三间屋基高出三阶，中间青石砌就天井，俗称“走马转角楼”。涂家院子建筑材料多取至本地，为木、泥、石、竹结构混合体。院子中木雕、石刻、绘画随处可见，尤以重铜灯运用。盖瓦时沟瓦盖双层，室内全运用石灰料绘制图案、花样。院子四方均有后门，与后门相通房屋叫过道子屋。涂显洋乐善好施，其妻敬氏也吃斋念佛。院子正房右转角屋供奉南海观音一尊，取名“福堂屋”，是少有的一家两个堂屋的建筑。

至20世纪80年代涂家院子仍十分完整，后因家族纷争将东南角撤除。现仅存堂屋和龙门子一角。

石拱桥 位于村西张家湾，为单孔石拱桥，是张氏族人主要出入桥梁。该桥由若干巨石搭建，宽约3米，长约8米，横跨小河沟，造型简洁朴实。小河沟是圣泉下洪水河，具有很强季节性，一般每年夏天水量最大。石拱桥建造得十分牢固结实，历经数十年依然完好无恙。自20世纪中叶建成后，与古村落优美的自然环境和谐相融，并见证了几代张氏族人的繁衍和兴落。

铁炉村张家湾石拱桥（魏城镇铁炉村 / 供图）

▶ 风土民情

牛王会 庙儿梁有座“牛王庙”，始建于清初，几经损毁，留下残石片瓦和村民草建的小庙。每年农历十月初一，铁炉人都要在牛王庙举行盛大的祭祀活动，叫作“牛王会”或“传牛王”，意在感恩耕牛不辞辛劳、勤勤恳恳为人类劳作。“牛王会”内容包括请牛王、迎牛王、颂牛王、祭牛王、拜牛王、送牛王。

农历十月初一这天，天亮前由端公带着大红公鸡和香蜡纸钱，到牛王庙牛王菩萨前，鸡冠血祭牛王菩萨，焚香四方，三跪九拜，念念有词，邀请四方牛王亲临祭拜场。当天象有变化，如出现风、光、雨、雾等自然现象时，预示牛王菩萨已降临。村民敲锣打鼓，抬着牛王菩萨塑像或画像，带上犁头、耙和祭品到祭祀活动现场，分列静候。端公手持彩旗、响铃，口中念念有词，对牛负重劳作、为人们奉献一切的行为和恩德陈表颂读。随后在场村民用拿来的犁头和耙学耕牛状，拉犁拉耙，负重劳动，感念牛之劳苦。各家各户将当年收获并精选出的粮食、果品、草料依次奉上，陈列于牛王前，供奉牛王享用。供奉完毕，人们列队依次来到牛王菩萨前跪拜，以谢牛王菩萨恩德。拜毕，由端公开路，人们抬着牛王菩萨或将牛王菩萨的画像送回庙里。至此，牛王祭拜宣告完结。

牛王会这一天，耕牛概不劳作，每家有牛的主人要给牛喂精饲料，如煮蚕豆、米饭等；给牛喝蜂蜜水或白糖水，用于清除牛体内的玛璜等寄生虫。

铁炉锣鼓 是铁炉村民俗文化中必不可少的助兴乐器，节奏鲜明、曲调质朴、音响强烈，很适合烘托活动气氛。铁炉锣鼓的乐器包括锣、鼓、钹、铙和唢呐，根据需要搭配组合。乐队规格和阵容亦可加减变化，一般有六人、八人、十人、十二人等几种组合形式。铁炉锣鼓主要用于民间红白喜事和节庆活动，如结婚、丧事、年长者生日、传统节日、庙会、祭祀和庆丰收等，现在也用于一些大型商业活动。

铁炉雨帽 为满足雨天劳作、出行的需要，铁炉村民有利用竹子的杆、叶、壳编织雨帽的传统。铁炉雨帽形似南方斗笠，状如蘑菇，大如盖。编制中的模具有两套，一套用于起竹外篾，一套用于夹竹笋壳。整个工艺经选材、起篾、编模、夹笋壳、锁边、压形等工序而成。用于表演、展示或外销的雨帽，还要加上选篾、细篾、染色等工序，成品更加精致美观。

民间雕塑 铁炉村的民间雕塑包括石雕、木雕和泥塑，常运用在房屋建筑、宗教活动、先祖祭祀等生产生活中。其中，石雕主要用于墓碑、建筑用柱子、街沿石，以及水缸、磨子等生活用品。木雕主要用于门、窗、柱、家具、牌位等的加工和装饰。泥塑是供奉的神像和小儿玩泥。雕刻内容一般取材于生活场景、神话传说、花鸟草虫、戏剧人物、佛教故事等，内容丰富、寓吉祥意。雕塑手法、形式多种多样，有平雕、浮雕、透雕（镂空雕）和圆雕等。

▶ 人物传略

张勇（1975—2013），铁炉村人，男，中共党员，生前担任过铁炉村党支部书记、村委会主任。2010年12月，在城里拥有4家公司、创下千万财富的张勇回乡竞选，被选为村党支部书记、村委会主任。回村任职近3年间，他捐资500余万元、出资500余万元，带领群众修建35千米村道，新建硬化3千米沟渠，引进现代农业产业5个。铁炉村群众人均纯收入从2010年的5600元增长到了2013年的9700元。2013年11月7日，张勇因长期带病坚持工作致肝病恶化，经抢救无效去世，年仅38岁。

张勇（魏城镇铁炉村 / 供图）

因贡献突出、事迹感人，张勇生前先后被授予“四川省创先争优优秀共产党员”“四川省第三届道德模范”“四川好人”“感动绵阳十大人物”“游仙区十佳村干部”等称号。在他去世后，绵阳市委、游仙区委追授他为“‘兰辉式’优秀基层干部”，团省委追授他“五四青年奖章”。

（曹富兴　张　洁）

游仙区
魏城镇鱼泉村

▶ 基本村情

游仙区魏城镇鱼泉村形成于汉代，因位于该村的全国重点文物保护单位、明代古寺——鱼泉寺而得名。村中还有清代碑亭、清代古民居、古石桥等市、县文物保护单位和历史建筑9处。2016年12月，该村被列入第四批中国传统村落名录。

鱼泉村（李戴/摄）

位置境域 鱼泉村位于游仙区魏城镇东北部，距离魏城镇政府10千米，距绵阳城区36千米，地理位置为北纬31°28′、东经105°00′。该村东临飞龙村，西接信义镇桃子园村，南与信义镇曾家垭村接壤，北与铁炉村相连。村域面积9.6平方千米。

历史沿革 鱼泉村的历史，与世居此地的雍姓人家颇有渊源。据传，雍姓一族自西汉时期就到今鱼泉村一带定居。南齐永元二年（500年）二月，雍道晞在巴西郡桃园坝（今鱼泉村境）起义未果，雍氏族人迁至阆中、剑阁山区。唐显庆三年（658年），雍氏族人迁回原居住地，此后村境地名被改为雍家场。1952年，村境定名为建华村，隶属于东岳庙乡。1956年，属东宣乡。1958年，属红日人民公社，被编为第五生产大队，简称“五大队”。1983年，更名为鱼泉村，属东宣乡。1992年，东宣乡与徐家镇合并，鱼泉村属游仙区徐家镇。1998年，分设东宣乡、徐家镇，鱼泉村属东宣乡。2018年，东宣乡更名为东宣镇。2019年，东宣镇合入魏城镇，鱼泉村属游仙区魏城镇。2020年，鱼泉村与健康村合并，成立新的鱼泉村。

选址与格局 鱼泉村三面环山，形似盆地，植被丰茂，农田肥沃，人居环境宜人。村落依山而建，整体上呈“三山环抱、一水绕流”的格局。“三山”即云尖山、白马山、马鞍山，呈环状分布村庄周围；“一水”即魏城河（又名魏刘河），自北向南从村西侧蜿蜒而下。村落分布距离可耕土地较近，便于农耕生产，同时有效躲避泥石流、滑坡、地震断裂带等自然灾害隐患。

自然环境与资源 鱼泉村属于丘陵地貌，海拔370~489米，地势较为平坦。属于亚热带湿润型季风气候，年平均气温18℃~19℃，年均日照1278.3小时，年降雨量969.6毫米，无霜期约275天。涪江支流——魏城河为村境主要河流。有耕地面积400.7公顷，林地面积318.2公顷，森林覆盖率33.32%。动植物资源丰富，植物主要有柏树、杨树、香樟、菩提树、黄楝树、槐树、皂角树、松树、桤木等，动物主要有斑鸠、白鹭、翡翠鸟、狍子、野兔、锦鸡等。

人口 2020年，全村辖11个村民小组，有户数851户，户籍人口2611人，常驻人口1462人。主要民族为汉族，占总人口的99%。主要姓氏为雍、周、杨、蒲、张、冯、顾、涂、杜。

经济民生 鱼泉村是典型的农业村，农民收入来源主要是农业生产和外出务工收入。2020年，全村发展肉鸡养殖1.5万余只、蚕茧2000余张、种植芦笋800余亩，其他经济作物400余亩。有省级农业合作社——国春芦笋专业合作社和区级农业合作社——晶国七彩山鸡养殖合作社，有养猪专业合作社和黄背木耳基地各1个。同时，引进了羊肚菌、大马士革玫瑰等新产业项目。全村共有600余人在外务工，务工年收入800万元，占全村纯收入的60%以上。2020年全村人均可支配收入21200元。

鱼泉村交通便利，成绵高速公路、绵苍高速公路、205省道、108国道在村边2千米处交会。村中建有6.3千米的水泥路，通家达户，方便村民出行。2004年起，随着武引工程渠系通水以及人饮工程和红层找水工程的实施，使鱼泉村结束了“灌溉靠天、吃水靠担”的历史。

截至2020年，全村修建砖木结构房屋的户数占全村总户数的90%。农户用电率、电视普及率、广播入户率均达100%。村里已建成雍家场小学、村办公室、会议室、卫生计生室、文化室、广播室等公共设施，为新农村建设奠定了良好基础。

▶ 传统建筑

鱼泉寺 位于鱼泉村鱼泉山腰，三面青山相护，前瞰魏城河与雍家场。据清同治《直隶绵州志》载：“鱼泉寺，治东乡六里古金家山麓，创

鱼泉寺远眺（张闰棋 / 摄）

自前明正统中，僧云岭重修，今鱼泉寺碑记尚存。”民国《绵阳县志》载：“鱼泉寺，治东七十里。寺有泉池不涸，有鱼游泳自如，故名。前明正统中，僧云岭重修，碑记尚存。嘉庆时僧圆钟续修。”鱼泉寺现存记载有庙史信息的碑刻中，均以明正统元年（1436年）为鱼泉寺的创始时间。明末清初，寺遭兵燹。清康熙、乾隆年间（1736—1796年），寺僧增建了观音殿、地藏殿和前殿，并续构两廊及前灵官楼。现鱼泉寺的建筑，除大雄殿为明代建筑外，其余均为清代遗存。因其独特的建筑风格和重要的历史保护价值，2002年，鱼泉寺被列为四川省文物保护单位，2013年，被列为全国重点文物保护单位。

鱼泉寺坐南向北，依山势建在层层条石垒砌而成的高台之上，周围层峦叠翠，林木荫翳，环境颇为清幽。寺庙占地面积1380平方米，建筑面积1214平方米，为横向排列布局，由并列的两个四合院组成。其西院为寺庙的主体部分，院前二层的灵官楼及其下的石梯组成山门。大雄宝

鱼泉寺（贾宗强 / 摄）

鱼泉寺泉池（张闰棋 / 摄）

鱼泉寺墨书题记（李戴 / 摄）

殿为西院正殿，为抬梁式单檐悬山顶建筑，面阔三间，进深五间，带前廊。柱、梁、额、枋等用材十分壮硕，在本地较为少见，据说是材质是马桑树木。前檐额枋下有六十余字的墨书题记一行："大明正统元年岁次丙辰孟春月望四日辰时监立大雄宝殿一座……"斗拱、梁枋等处保留了早期的彩绘，部分色泽如新，其图案、线条、设色都具有非常显著的时代特色。该殿是绵阳市乃至四川省保留较完整的明代建筑之一。大雄殿前建有一长方形石池，池之南侧正上方雕刻一石螭首，螭首内有水道与山泉相通，用明槽暗道，引寺后泉水注入。西院西配殿面阔六间，带前后廊，四壁穿斗。殿内左壁有全石圆雕雷神一尊，两米余高，造型生动，比例协调，雕刻流畅，除少部分部件有损外，基本保存完好，堪称鱼泉寺的镇寺之像。西院东配殿连接东院。东院为祖师殿、方丈室及僧舍。据寺内碑刻记载，修建于清乾隆四十六年（1781年），后于光绪年间（1875—1908年）进行过培修。现存门窗的木雕装饰尚有少量清初遗留，门窗壁板也多为清初原物。

鱼泉寺整石雕刻——雷神像（游仙区地方志办公室 / 供图）

除了独特的建筑布局外，寺内现存的20余幅壁画也是鱼泉寺的一大特色。除山门外，在廊道、配殿、祖师殿、文昌殿等处，都绘有壁画，或彩绘或黑

鱼泉寺正殿天井（游仙区地方志办公室 / 供图）

鱼泉寺建筑上的彩绘（游仙区地方志办公室 / 供图）

白，或水墨写意或工笔白描，有描绘宗教故事的，也有描绘三国故事的，壁画主题多宣扬忠孝节义、因果报应等观念和思想。这些壁画构图和用墨十分讲究，据考多为清代所作。在山门阁楼内侧外墙上，绘有以“劝人行善”为主题的壁画，线条流畅，人物神态栩栩如生。在大雄殿及两侧建筑的墙体上，绘有以佛教故事为主的壁画，包括《天官府》《洪州正堂》等。由于时代久远，多数壁画破损严重，或画面模糊不清，仅少量壁画保存完好。寺内还保存清乾隆、嘉庆、光绪年间的碑刻十余通。

鱼泉寺壁画（游仙区地方志办公室 / 供图）

鱼泉寺山门碑亭 又称守墓祠，位于鱼泉寺山脚下，建于清乾隆二十七年（1762年），为清代鱼泉寺来昌和尚（法号最如）在暮年为自己立墓塔碑时所建。该亭坐南向北，占地面积约100平方米。地基略高于周围，用条石垒砌墙基，穿斗木质屋身，歇山屋顶，保存基本完整。亭内有高2米许的墓塔碑一座，题为“传临济正宗第三十五世鱼泉堂最如昌大和尚之塔”，碑文内容主要是来昌和尚对修行悟道之路的自述。碑后为来昌和尚的坟丘。其以山岭分脉为茔墓，前后长有二十米，高宽均丈余。立有两碑，副碑为花碑，未识碑志，有联语：“灵光登极

鱼泉寺山门墓塔碑（张闰棋 / 摄）

乐　真性赴涅槃”。主碑为整石雕凿的圆首碑，因年代久远碑文已难以辨识。

传统民居　鱼泉村的传统民居依山势筑台为基而建，一般是背依茂密柏树林，前眺远山，视野开阔，环境幽静。建筑用材因地制宜（其木材多为本地马桑树、柏树），门窗、挑枋、柱础等建筑构件雕刻精细。建筑形式主要是四合院（又称“四合头”），由一正房两厢房一下房组成，立面和平面布局灵活多变，对称要求并不十分严格。院内或屋后常有通风天井，天井较大，形成良好的“穿堂风”，并用檐廊或柱廊来联系各个房间，灵巧地组成街坊。隔着天井面对正房的厅称为下厅，用作堆放农具杂物，边上设猪圈。四合院的朝门开在下厅中间，正对中轴线。房屋开间尺寸一般要以“八”字为尾数，如堂屋开间一丈一尺八寸、出檐二尺八寸等，“八”谐音“发”，寓意发财。

鱼泉村的川北民居建筑，在农村“破四旧、立四新”的特殊历史时期，几乎毁灭殆尽，现有少量院落局部保存良好，历史信息尚存。

清代雍家老宅　位于鱼泉村6组雍家老湾正中。坐西向东，背靠的云间山鸡冠梁向东南延伸至鱼泉寺等处，前隔魏城河望高观寺所在长岭。

雍家老宅为清代民居，建成于清代乾隆至宣统时期（1736—1911年）。原为三合院，其独院占地面积在200~400平方米之间。现存正房和右侧房屋7间，穿斗木构架，带前廊，前后用7个柱，架13个檩，小青瓦覆面。墙壁装木板涂朱，上部用篱壁粉白，六畜用房用土砖或土夯墙。堂屋神龛有“惟德是馨”匾额。雍家老宅保存基本完好，被列为游仙区区级文物保护单位。

金龙桥　位于鱼泉村2组、4组之间的魏城河上，双石并拼，平梁龙桥，是游仙区区级文物保护单位。桥全长29.7米，宽1.63米，厚0.45米，距水面0.8米。桥有五墩六跨，边墩素面无雕，中间三墩是龙墩，逆

金龙桥（李戴/摄）

水而卧，首尾长3.62米，宽1.11米。金龙桥边跨仅3米和3.35米，而有石龙镇守的地方，有三跨长度超过6米，最长者6.4米。墩板厚壮，牢固如初，人行其上如履坦途。即使夏季遭遇较大洪水，因跨大道宽，万钧之力也能得以疏泄。

▶ 特色文化

雍家场狮灯 雍家场狮灯以破阵（上演文武狮戏）、赞彩（说四言八句）为标志。有舞和不舞、开口和不开口两种表演形式，属灯舞类，兼具南、北狮灯舞的表现特征，又有鲜明的本土特色。演出道具仅需一张八仙桌、一张狮皮、一柄拂尘，以及猴与笑和尚面具各一个，伴奏乐器包括大锣、钹、二鼓、马锣子等。雍家场狮灯表演风格生动诙谐，喜庆热闹，加上道具简便易行，特别适合民间节庆期间流动表演。

鱼泉寺庙会　鱼泉寺每年农历正月十五和六月十九都要举办庙会，吸引来自鱼泉村及周边魏城、刘家、徐家、石板等乡镇上万民众参与。庙会期间，除了拜佛祈福，还可以观赏民间戏班子表演《杨家将》《白蛇传》《八阵图》等川剧经典剧目，气氛十分热闹。

（杨　辉　李　戴）

游仙区
信义镇曾家垭村

▶ 基本村情

马鞍寺全景（唐平瀛 / 摄）

游仙区信义镇曾家垭村历史悠久，村中有全国重点文物保护单位——马鞍寺，还有古墓、古盐道、古树、古民居等众多历史遗迹。2016 年 12 月，该村被列入第四批中国传统村落名录。

位置境域 曾家垭村位于绵阳市游仙区信义镇东北部，距镇政府 7.5 千米，西距绵阳市区 49 千米，地理位置为北纬 31° 46′ 12″、东经 105° 03′ 11″。东临梓潼县，西接龙园村，南与凤鸣村接壤，北连魏城镇飞龙村、鱼泉村。村域面积5.6平方千米。

历史沿革 曾家垭地近古盐泉，处在涪江、梓江之间的著名古盐道上，明代即已形成自然村落。清康熙年间，大量“湖广填四川”的移民移居到村境，因曾氏人居多，且三面环山，故此地得名曾家垭。中华人民共和国成立初期曾家垭属刘家乡。1958年刘家乡改为前锋公社，曾家垭为第十生产大队。1983年复置刘家乡，1985年建刘家镇。2019年，游仙区刘家镇、观太镇、石板镇三镇合并为信义镇，曾家垭村属信义镇。

选址与格局 曾家垭村位于信义镇马鞍山麓一带狭长地带。山上松柏苍翠、郁郁葱葱，山下稻麦油绿、生机盎然。魏城河和徐家沟河（又名柏林河）自北向南穿村而过，绵延数里，河水清澈明净。刘柏路穿村而过，交通便利。从三台柳池到梓潼、剑阁的古盐道经过马鞍山，至今保持完好。村中民居散布于青山绿水之中，山环水抱，鸡犬相闻。山脉、树林、良田、河流及民居交相融合、和谐共生。

自然环境与资源 曾家垭村地貌以浅丘、平坝为主，境内山丘连绵，沟谷相间，但坡度平缓。地形多条状丘陵，中间夹着宽阔的平坝，平均海拔高度480～650米。境内有两条河，魏城河从曾家垭村西缘绕行，徐家沟河从村东穿过，两河于下游的凤鸣村（原潘家庵村）三叉拐处汇合。属于典型的亚热带湿润季风性气候，夏季高温多雨、降水充沛，冬天寒冷干燥。全村耕地面积约189公顷，林地面积约252公顷。土壤类型有潮泥、黄泥与紫泥三种，以黄泥居多。森林覆盖率45%，植被种类丰富，以阔叶树居多，其中自然植被的主要林相是马尾松木林，以及次生灌丛和草丛，乔木以马尾松、柏树为主，灌木以麻栎、栓皮栎、马桑、黄荆为主，主要的经济林作物为油桐、乌柏、桑、柑橘等。村内动物以鼠类居多，次为狐、兔、獾等，鸟类以白鹭、家燕、麻雀、喜鹊、斑鸠、野鸡最为常见。

人口 2019年，曾家垭村下辖12个村民小组，有户籍人口1423人。历史上的人口来源主要是清康熙年间（1662—1722年）“湖广填四川”的移民，主要民族为汉族。

经济民生 曾家垭村的主要产业是种植业和养殖业。种植业以水稻、油菜、小蜜薯、蚕桑等为主，兼有林果、蔬菜。2020年，水稻种植面积约550亩，油菜约580亩，小麦约350亩，玉米约840亩，小蜜薯、大红袍花椒、羊肚菌等经济作物约300余亩，其他林果、蔬菜约200亩，年收入160余万元。养殖业以养蚕、养鱼为主，其中年产桑蚕1200张，产值1052万元。村集体经营收入15万元。村民年人均纯收入21292元。全村3户贫困户2020年6月前全部脱贫。

截至2020年年底，村域内村社道路全部进村入户，总长度20多千米。沟渠硬化18.6千米，自来水入户157户，天然气入户148户，网络电视全覆盖，基本实现路通、气通、电通、电信通、电视通等“五通”。结合地震灾后重建，村内实施改水改厕工程，饮用水合格率达98%，卫生厕所覆盖率达90%，生活污水处理率达85%。开展环境综合治理，在居民区统一设置垃圾池，定时清运处理，做到生活垃圾无积存，无臭气及固体废物污染，村容村貌干净卫生。

▶ 文物古迹

马鞍寺建筑群 位于曾家垭村马鞍山麓，始建于明代洪武年间，毁于明末，重建于清代。马鞍寺的前身为古龙桥院，相传明进士汪东洋曾以其为宅，家道中落后改建为庙宇。据马鞍寺内“咸丰八年寺规碑及光绪十五年装塑罗汉碑”碑文所记：“如此寺者，号曰天禄善，或称龙桥院，或金凤山而皆不以名独名，马鞍者取其省于形也。”马鞍寺也是清代

马鞍寺（游仙区地方志办公室 / 供图）

绵州第一进士叶上林幼年求学之所。清乾隆五十三年（1788年），叶父为叶上林延师于马鞍寺，经几年刻苦学习，叶上林于乾隆五十六年（1791年）州试及第，并于清嘉庆二十五年（1820年）考中进士。

马鞍寺（唐平瀛 / 摄）

马鞍寺坐东北朝西南，沿中轴线对称呈纵向布局，总长115米，总宽55.2米，占地面积6348平方米，建筑面积3100平方米。马鞍寺南面是乐楼（戏台）、戏场坝（广场），北面依次是天王殿、大雄宝殿、观音殿、玉皇殿，两侧是贯通前后长达13间的厢房，组成闭合式建筑群。马鞍寺建筑群于1986年被绵阳市列为7个市级文物保护单位之一，2004年被列为四川省文物保护单位，2013年被列为全国重点文物保护单位。

马鞍寺布局（董成兴 / 摄）

天王殿、大雄宝殿、观音殿现存主体建筑建于清乾隆年间（1736—1795年），面阔均为5间，长22米，进深3间，宽12米。玉皇殿建于清道光八年（1828年），面阔3间，长10.5米，进深3间，宽5.5米。四殿同为悬山顶抬梁穿斗式木结构，建筑用材粗大，造型朴实；门窗雕刻素雅。大雄宝殿、观音殿的檐柱、廊柱上均有装饰性斗拱，别致精巧。大雄宝殿内供奉有明代檀香木雕文殊菩萨，雕刻精美、神态自然，颇为珍贵。两侧厢房廊亦为悬山顶抬梁穿斗式木结构，其中供奉有文昌、关圣、孔圣等神像。

马鞍寺乐楼（张闰棋 / 摄）

村民在马鞍寺乐楼观看川剧演出（刘华伟／摄）

马鞍寺乐楼为六翘角歇山顶抬梁穿斗式木结构建筑，占地面积约100平方米，建于清同治九年（1870年）十月。乐楼台部向外突出，两耳室内收，面呈“凸”状，飞檐翘角，造型合理匀称。整座戏楼置于16根高矮不一的础石柱之上，结构巧夺天工，防震受力奇特。历经多次地震而屹立不偏。相较于对面偏于庄重威严的神殿，以精巧、华丽为造型特征的乐楼是曾家垭村最引人注目的单体古建筑，是绵阳市乃至四川省保留最完整的清代戏楼之一。乐楼耳室有民间壁画数幅和墨书戏班题记数则，是研究明清戏剧和民俗文艺的重要文献。乐楼至今仍用于村民举行民俗表演、节庆活动等。

马鞍寺壁画 马鞍寺壁画数量众多，多为清代画作。寺内只要能作画的地方——建筑的挑、枋、壁间都绘有壁画。壁画内容广泛、画工精细、栩栩如生，题材涉及

马鞍寺壁画（局部）（唐平瀛／摄）

马鞍寺壁画（唐平瀛／摄）

当时的现实生活、神话故事、宗教信仰、戏剧历史，如钟馗降魔、刘海戏金蟾、太公钓鱼、吕洞宾戏牡丹等。大雄宝殿壁上的二十四诸天、十八罗汉等佛教题材的壁画数幅，仿唐代画家吴道子画风，技法高超，用笔生动传神，颇有“吴带当风”的神韵，是研究戏曲发展史、传统绘画艺术及佛教艺术的重要历史资料。

马鞍寺碑刻　马鞍寺中现存各类石碑共计21通。根据内容划分，主要包括记载寺庙的修建历史、兴办义学的传统与制度、寺庙的规约法度，以及捐资修庙布施功德情况等碑刻。其中存世最久远、保存相对完好的为清乾隆十八年（1753年）所立的《众善结成碑序》碑。其碑碣为圆形碑头，长方形碑身，碑身横断，以水泥重拼续接，碑额线刻双凤朝阳，下刻“永垂万古”四个大字。石碑阳面，为阴刻楷书字体，笔法苍劲有力、字形隽永端雅。碑文记录马鞍寺的过往繁盛及募化众生，捐资重修大雄宝殿的事迹。据此碑记载，马鞍寺曾为“绵邑八大寺”之一，是闻名遐迩之胜地。

马鞍寺古树　马鞍寺历史悠久，寺中的古树名木也是其一大特色。寺门前有两株古黄连树，一株生长较好，常有村民在树下乘荫纳凉；另一株树虽已枯死，但树干犹立。寺内大雄宝殿与观音殿之间有一株古柏树，树干高大粗壮，在寺外就能望见其苍翠的树冠。在观音殿与玉皇殿之间，有一株古紫薇树，每年7月至10月，紫薇花盛开，红花绿叶相互映衬，一片祥

马鞍寺古树（游仙区地方志办公室 / 供图）

和瑞气。寺中最令人称奇的是“母子连心”树，也长在观音殿与玉皇殿之间，是一株有400多年的香樟树，其根须上又长出一株与老树并立的小树，犹如母子相抱。

▶ 传统建筑

传统民居 曾家垭传统民居选址重视风水，顺应自然，住居多近农田，便利耕作，呈大分散、小集中的星罗棋布方式布局，有不少是单门独户，与周围竹木树林、院坝等形成一个单元体，有的三五户形成一个较大的院落，整体风格与地形地貌、自然环境和谐统一。主要建筑形态有“一”字形民宅和庭院建筑。

“一”字形民宅，一般修筑于20世纪70年代，为土、木居住建筑，为悬山顶穿斗结构。平面呈“一”字形，布局多用“¬ ”曲尺形平面，俗称“尺子拐”，其形制为一横三间正房加顺两间横房沿院坝布置。居中为堂屋，周围为卧室。其中，以堂屋正背后的卧室为尊，供主人长辈使用，其余卧室通过室外空间联系，两翼为功能用房，分别是圈舍、厕所和厨房饭厅以及储物空间。屋顶青瓦铺设，小青瓦做屋顶，以解决吸热和排水问题，适应炎热多雨的气候；青瓦出长檐，宽阔的檐下空间，是村民手工劳作及日常交流的场所。墙外覆白色涂料形成朴素淡雅、返璞归真的和谐意境。

庭院建筑包括三合院和四合院。曾家垭传统三合院修筑于清代或民国时期，多为悬山顶穿斗式结构，三面是住房，庭院在中间，另一面为街门。传统四合院的房屋一般由东南西北围合排列，向心而筑，采用中轴对称，前堂后室，左右两厢的建筑格局。四合院大多庭院较大，常称“某家大院”，一般正房檐高出，其余三面房檐相平，称为“三檐平”。现

曾家垭村传统民居（张闰棋 / 摄）

存较完好的四合院主要有肖家大院和刘家大院，其建筑结构均为穿斗木架构，堂屋的外墙为木板墙，两侧厢房和下房的外墙为版筑土墙。

田氏紫荆堂　系曾家垭村田氏家族在其祖居地田家湾所建的一座宗祠。据“绵阳市游仙区田氏宗亲福利会”1995年编写的《紫荆堂志》记

田氏紫荆堂（李戴 / 摄）

载，紫荆堂是田姓族人的堂号，紫荆花是田氏家花。其典源于田氏族人的传说：明朝英宗皇帝在瓦剌兵乱中离散，为田项母子所救，救下皇帝后，田项家宅前一株已经枯萎的紫荆树死而复生，花繁叶茂。英宗皇帝复位后，赐田家宗祠堂号“紫荆”，紫荆花亦成为田家家花。田氏紫荆堂初建于清代，后几经翻建，现占地面积120平方米。堂外有清代的石刻题记，堂内陈列有田氏先人的牌位及各种纪念牌匾等。

（严显勇）

游仙区
盐泉镇上方寺村

▶ 基本村情

游仙区盐泉镇上方寺村为古盐泉县城旧址，历史上因产井盐而繁盛，又因北宋科举状元苏易简诞生于此地，而被称为“状元故里”。村中有上方寺、古盐泉县遗址、古盐井等历史遗迹和传统建筑。2016 年 12 月，该村被列入第四批中国传统村落名录。

上方寺村（盐泉镇上方寺村 / 供图）

位置境域 上方寺村位于盐泉镇西南，距镇政府驻地3千米，地理坐标北纬31°22′～31°27′40″、东经105°2′10″～105°8′40″。该村东接雨台山村，西邻盐井村，南接陡嘴子村，北与新和村相连。村域面积10.7平方千米。

历史沿革 上方寺村境历史上曾为古魏城县和盐泉县县治所在地。西魏废帝二年（553年），分涪县地置魏城县，治所设今上方寺山下。隋大业十年（614年），魏城县治所迁至今魏城镇。唐武德三年（620年），分魏城县地置盐泉县，治所仍设上方寺山下。元世祖至元二十年（1283年），盐泉县被撤销。

1950年，原玉河乡13、14、15保合并建村，以上方寺命名，为玉河乡上方寺村。1993年，玉河乡、白蝉乡合并为玉河镇，上方寺村属玉河镇。2019年，玉河、梓棉、白蝉合并组建盐泉镇，上方寺村与花竹林村合并为盐泉镇上方寺村。

选址与格局 上方寺村村域呈V字形条带状，自东南向西北延伸；两面夹山，属绵东浅丘群，形成“聚宝盆”状的村落格局。村中民居主要沿清溪河两岸分布，与上方寺、李家大院、贾家祠堂、贾家大院等传统建筑，共同构成村落的内部空间格局。民居多近农田，便利耕作，呈大分散小集中的星罗棋布方式布局，有不少是单门独户，与周围竹木树林、院坝等形成一个单元体，

上方寺村油菜田（盐泉镇上方寺村 / 供图）

有的三五户形成一个较大的院落组团。由于地震灾害等原因，村中多数传统建筑受损，整体风貌保存状况一般。

自然环境与资源 上方寺村属于丘陵地貌，境内最高海拔为624米，山势迂回盘旋，山峦起伏，沟谷交错。村境属中亚热带湿润季风气候，全年四季分明，气候温和，日照充足，雨量充沛。年平均气温16.5℃，日照1298小时，无霜期280天以上，年平均降水量约990毫米，多集中在6—9月。夏季多为偏南风，冬季多为偏北风。河流属魏城河水系，因地势自西北向东南流。全村有耕地4743亩（水田2155.5亩、旱地2587.5亩），人均耕地1.48亩。其中，已流转耕地500亩。有林地面积5437亩（其中，竹林600亩），森林覆盖率60%。

人口 2020年，上方寺村辖22个村民小组，1047户，户籍人口3209人，常住人口1220人，外出流动人口1989人、占全村人口62%。主要民族为汉族。

上方寺村是一个移民村落，现在村中人口来源主要是清代“湖广填四川”时期来自湖北、陕西等地的移民后代，有贾、张、陈等7个大姓，以张姓人口数最多。务工主要流向浙江、西藏、江苏等，从事行业主要为经商、种蔬菜和务工。

经济民生 上方寺村以种植粮油为主，兼以养蚕、养猪、烧炭、水产捕捞等副业。2016年被列入中国传统村落名录后，着力发展乡村旅游业。2020年，全村农作物播种面积8378亩，其中机械化耕、种、收面积7277亩，农作物机械化水平达87%。全村农村土地流转率达30%。村域生产总值6418万元，农民人均纯收入2万元，集体经济收入8万元。4户贫困户全部脱贫。主要交通道路是中玉路、玉白路，有6千米从上方寺村中心贯穿而过，并途经梓棉镇、三台中太镇到绵盐路。全村共修建村组混凝土道路30千米，村组道路硬化率达到89%，入户道路硬化率达60%以上。全村实现自来水、天然气、宽带、4G网络通村组，比例达到100%。

▶ 传统建筑

上方寺 位于上方寺村草坡梁梁顶上，为绵阳市文物保护单位。据寺内古碑记载，上方寺的前身是北宋徽宗年间绵州盐泉县的法水院，由皇帝敕造，是古盐泉县的重要寺庙。随着盐泉废县，加上元、明以来的战乱，导致法水院逐渐颓败，直至湮灭。据清同治《直隶绵州志》载："上方寺，治东一百里，古刹也，山下隔溪即古盐泉县废址，明末毁于兵燹。乾隆十二年（1747年），僧通善重修，相传为苏状元苏易简读书处。"

上方寺中的苏易简像（凌弘 / 摄）

上方寺（魏娟 / 摄）

历史上上方寺几经毁损和重建，现寺庙为三进式院落，坐西南向东北，呈中轴线分布，总面积约1300平方米。前院塑有苏易简像。寺内存有唐、宋、清和现代碑刻22通，其中唐、宋、清古碑对研究绵州历史演变、民风民俗等提供了有重要价值的实物佐证。

盐泉县遗址 为游仙区文物保护单位。古盐泉县城占地约20万平方米，分布在今上方寺村6组、7组、12组。明末清初，盐泉县旧地因兵燹成为废墟。遗址位于今上方寺村的大堂湾、歇马场、烧坪坝、狮子坪、苏里桥等地。大堂湾为废县县衙门所在地，歇马场为县衙门前作拴马之用的广场，狮子坪因其地有一对两米余高的大石狮子而得名。烧坪坝系一片墨质土，据说为数百年间堆积的烧盐柴灰。上方寺村地下多次出土街沿石、房舍基石、磉礅石及作为下水道的陶瓦筒等人居及建筑遗存，依稀可见当年的街道走向，还曾两次在废县遗址南宋家梁山脚下出土明代铜环、铜盘、铜盆等文物。

大堂湾古盐泉县衙遗址（盐泉镇上方寺村 / 供图）

古盐井 古盐泉县产盐，有盐泉井，载诸正史。盐泉县名，也是源自西晋文学家左思《蜀都赋》“家有盐泉之井”句，可谓因盐井而兴城。《太平寰宇记·剑南东道二》称：“武德二年（应

上方寺村古盐道遗迹（盐泉镇上方寺村 / 供图）

为三年----编者注)，分魏城置盐泉县，以地有盐井，民得采漉，为四方贾售之地。”宋代，井盐日渐枯竭，井废城荒，空留旧迹，瘗埋于阡陌桑麻之下。上方寺村至今留有火烧坪、古井洞、盐井湾等地名，并有废盐井10处，保存着盐业生产的历史信息。

苏里桥 位于上方寺山下，建于清代，是上方寺村重要古桥。据传因盐泉乃北宋状元苏易简故里，百姓建桥以寄托追慕之情，故以“苏里”命名，又名“状元桥”。苏里桥系石平桥，长约5米，宽约2米，桥面为普通的石板。经年冲刷，桥墩依旧，隐约可见桥墩外侧被毁坏的龙头痕迹。

传统民居 上方寺村的传统民居主要是传统夯土建筑和穿斗木结构建筑。夯土建筑是取黄泥，加入稻草、石灰等黏合剂夯筑土墙，其建筑质量一般，抗震性、防水性差。通常为一层，少数以松木板架楼分为二层。正房三间，中为堂屋，是祀祖、会客、起居之地，两边是卧室。左右两侧耳房，为厨房、圈舍、厕所。厢房作起居、卧室、储物之用。夯土民居在上方寺古盐泉县旧址一带保留较多。传统木式建筑主要是土木混合青瓦房，其主体框架多用柏树、马桑树穿斗而成，房屋四周用木板或者土砖作墙体，房屋空间更大，居住环境更为舒

上方寺村传统民居（盐泉镇上方寺村 / 供图）

适。其建筑平面样式有“一”字形、“丁”字形、三合院和四合院式，屋顶多为出檐较大的悬山式。多数四合院庭院较大，常称“某家大院”，一般正房檐高出，其余三面房檐向平，称为“三檐平”。其民居建筑的雕刻、绘画精致，其中雕刻的手法有镂、透、圆，或兼而有之，也有浅浮雕的装饰。如建于清代中期的贾家大院，面积360平方米，至今保持完整。

▶ 特色文化

“十大状元”评选活动 上方寺村有“状元故里”的美称。为纪念先贤，弘扬求知好学、力争上游的“状元”精神，上方寺村从2017年开始举办“十大状元”评选活动，每年评出种田、养猪、养蚕、孝老爱亲、邻里相帮等生产生活中的先进分子，作为新时代的“状元”人物进行表彰，以带动村民向他们学习追赶，用勤劳和智慧共同致富，共建和谐家庭和村社。

传统川剧 1975年，由上方寺村村党支部主办，刘少福等人筹办，从各地聘请老艺人，购买服装道具，组建了川剧班子。随后，戏班转交给玉河公社管理，改为玉河公社川剧团。剧团主要乐器有大鼓、小鼓、二胡、唢呐、打击乐等，主要作品有《三祭江》《窦仙童》等。艺人们表演真实细腻、幽默风趣，生活气息浓郁。在表演中还会运用一些绝技，如托举、开慧眼、变脸、钻火圈、藏刀等，以更好地塑造人物形象。后该剧团解散，转为民间川剧表演班子，至今仍活跃在上方寺村及盐泉镇一带，为当地群众所喜爱。

瓷胎竹编 瓷胎竹编是竹编工艺品中一种独具特色的品种，其制作方式是以精细彩色或素色的竹丝，均匀地编贴于洁白的瓷胎上，形成一层竹衣。竹衣编工精细，纹样和图案丰富多彩，具有很强的装饰性。上方寺村的瓷胎竹器的特点是“选料精、竹丝细、贴胎紧、藏头密、丝彩艳”。经过破竹、烤色、去节、分层、定色、刮平、划丝、抽匀等十几道工序，制作出精细的竹丝。竹丝断面为矩形，厚度仅为一两根头发丝厚，宽度也只有四五根发丝宽，根根竹丝厚薄均匀，粗细一致，刀法极为精细。竹衣的制作也全凭手工编织，既要让根根竹丝依胎成形，紧贴瓷面，又要确保所有接头之处都藏而不露，浑然一体。经过特殊处理后的竹衣耐干燥、不变形、不虫蛀、耐水可清洗。上方寺村五组村民贾连顺是村中最有代表性的瓷胎竹编手艺人，其作品实用性和观赏性兼备。

▶ 地方美食

状元凉粉　是盐泉镇上方寺村一带流传的地方特色小吃，因此地为北宋状元苏易简故里而得名。凉粉以豌豆为主要原料，其特点是色泽明亮，既细滑软嫩而又不易碎烂成渣，拌以辣椒油、酱油、醋、蒜泥、豆豉、小葱等调味料，食之鲜美爽口，风味颇佳。

状元凉粉（张闰棋 / 摄）

上方寺村八组丁全强从小爱吃凉粉，长大后自己也想做凉粉生意。他四处拜师学艺，经过自己的反复摸索，练就一手制作凉粉的独门技术。他做的凉粉颇受食客欢迎，声名远播，成了当地名副其实的“凉粉状元”。

九大碗 是上方寺村民在婚丧嫁娶、逢年过节的宴席上的主要菜品。这里的“九”，只取其寓意，并不指具体的数量。菜品主要是以鸡、鸭、鱼、肉等食材制作的荤菜，如蒸肘子、夹沙肉、咸烧白等。盛菜的工具一定是大斗碗，菜多量足。

苏豆 上方寺村产井盐，熬制盐卤所用灰砂，堆在地里，形成很厚的灰砂层，铺满方圆两里左右。村民发现，在灰砂层种蚕豆（当地人称为“胡豆”），颗粒大、肉质沙甜，入口松酥，非常好吃，这种蚕豆被称为“苏豆”。

苏式罐罐肉 传说是北宋状元苏易简母亲薛太夫人创制的一道菜肴，故称“苏氏罐罐肉”。其做法是把五花肉切成3厘米见方的肉块，用秘制调料腌制后，放瓦罐中焖烧。做好的“苏氏罐罐肉”肉质酥烂，入口即化，满嘴留香。

粑粑菜 “粑”字在四川方言中意为“软”。粑粑菜就是用米汤将两三种应季蔬菜一起烩煮，待菜熟透变软（当地方言谓之“煮粑”）后连汤带菜一起食用。这道菜的原料易得，做法简便，又不破坏食材本身鲜美的本味，是当地村民十分喜欢的一道家常菜。

▶ 人物传略

苏易简（958—996），字太简，古盐泉县（今上方寺村境）人，宋初状元，官至参知政事。少年时聪颖好学，风度奇秀，才思敏捷。太平兴国五年（980年），苏易简中进士，复试时洋洋三千余言，一挥而就。太宗览毕，甚为赞赏，曰“君臣千载遇”，擢为甲科第一，遂以文章名扬天下，时年22岁。苏易简中状元后，通判升州，迁左赞善大夫。太平兴国八年（983年），以右拾遗知制诰，连续七年主持贡举，公正无私，深得太宗信任。雍熙三年（986年），充翰林学士。淳化二年（991年），同知京朝官考课，迁中书舍人，充承旨。苏易简用水试欹器，以“日中则昃，月满则亏，器盈则覆，物盛则衰”劝谏太宗持留守成，慎终如始，以固丕基，不久，知审官院，改知审刑院，掌吏部选，迁给事中，参知政事。易简性好嗜酒，太宗多次劝诫，并草书《诫酒》《劝酒》二诗，令其在母亲面前朗读，但收效甚微。至道元年（995年），因嗜酒，被劾，罢为礼部侍郎，出知邓州，又移知陈州。至道二年十二月，因饮酒过度去世，获赠礼部尚书。太宗闻之，深为惋惜，赠挽词，上有“时向玉堂寻旧迹，八花砖上日空长”语。其主要作品有《文房四谱》《续翰林志》等。

（张明锋　阮国勇）

安州区
桑枣镇红牌村

▶ 基本村情

安州区桑枣镇红牌村背靠风景秀丽的罗浮山，村境内有始于唐代、复建于清代的飞鸣禅院，古代羌族军事城堡遗址羌王城，清代及民国时期修建的李家大院、何家大院、刘家庄子等传统民居，自然和人文景观丰富。2016年12月，该村被列入第四批中国传统村落名录。

远眺红牌村（安州区地方志办公室 / 供图）

位置境域 桑枣镇红牌村位于桑枣园坝子，是桑枣镇人民政府驻地，地处安州区西部，距区政府所在地花荄镇28千米。地理坐标为北纬31°35′、东经104°21′。村域面积6.16平方千米，辖13个村民小组，呈扇形分布在桑枣场镇西南面。省道成（都）青（川）路，县道桑（枣）河（绵阳河边）路、桑（枣）晓（坝）路、桑（枣）茶（坪）路从村境通过。

历史沿革 红牌村名称来源于明代在此地建有一座红色牌坊，称红牌楼。自明朝末年至清朝康熙、乾隆年间，陆陆续续有移民来到红牌村，他们安家垦荒，生息繁衍，从而形成了今天的村落集群。清宣统二年（1910年），今红牌村境属沸泉乡，后为西乡二甲20保红牌楼。1935年，红牌楼地界为大悲村，后来称为第四保。1936年，为第四保辖13甲，属桑枣区公所。1949年，为第三保（第四保大悲村后划归红牌村）。1950年，红牌楼称第三农协分会，属桑枣乡农民协会。1958年10月，称卫星区队，属城关人民公社桑枣战区。1966年称上游大队，属桑

红牌村（桑枣镇红牌村 / 供图）

枣人民公社。1978年12月更名为红牌大队。1985年更名为红牌村，属桑枣镇。

选址与格局 红牌村坐落在罗浮山麓山前的平坝中，西接龙门山脉，东望起伏丘陵。罗浮山属喀斯特地貌，由十二座不同特色的山峰组成，面积约3平方千米，地势险要、植被丰富、景色优美。村内地势平坦，土地肥沃。发源于千佛山的茶坪河沿村北蜿蜒流过，河水长年水流量大。成青路、桑河路、晓茶路穿村而过，交通便捷，区位优势明显。整个村庄山清水秀，土地肥沃，气候宜人。

自然环境与资源 红牌村海拔605～1985米。属中亚热带湿润季风气候，平均气温16.2℃，日照时数981小时，年降雨量1215毫米，无霜期290天。水利资源丰富，茶坪河由西南向东北傍村径流而下汇入安昌河，流程长8千米。多年平均流量为12.8立方米每秒。安县（今安州区）第一大渠从1958年4月21日开工，在上清古堰的基础上拦茶坪河筑坝，开渠引水至南面丘区，灌溉两县十三个乡镇的农田10.8万亩，其中红牌村有2000亩农田获益。红牌村植被种类丰富，以松树、杉树等针叶树为主，还有珍贵保护树种金丝楠木、珙桐、银杏等。红牌村林产丰富，有香樟、楠木、花楸、锦竹、银杏、紫竹、黄柏、杜仲等，还盛产保健食品原料魔芋。山、丘均出产菌类。茶坪河除有珍稀两栖动物大鲵外，还有草鱼、鲢鱼、鲫鱼等各种鱼类。

人口 2020年，全村人口3780人，常住人口4020人。主要民族为汉族，占总人口的99.9%。主要姓氏有刘、孙、唐、黄、李、王、杨、周、陈、徐、谢、蒋、贾、金、尹、肖、邓、焦、罗等40多个。

经济民生 红牌村主要产业为农业和旅游服务业。2020年，村集体经济收入33870元，村民人均可支配收入为17000元。红牌村环罗浮山公路分南、北环线围绕罗浮山风景区，穿过桑枣镇松林、红牌、关中3个村庄，全长8500米，其中红牌村过境路段长3000米。硬化水泥路通至全部13个村民小组。2011年，县、镇水务部门组织村民们筹集资金80余万元，建成红牌村自来水集中供应站。铺设主管网5000米，日供水量约400立方米，供应红牌村及邻近的立志村5000余名村民的生活用水。2011—2019年，改造村内高低压线路，用电容量增加到8600万千伏安，每家每户都安装了智能用电表。2013年，全面实施天然气和太阳能热水器的安装工程，全村天然气通气率100%，太阳能热水器覆盖率45%。2019年全面改造升级电信网络，建成以传输广播电视节目为主的宽带双向交互网络，移动通信普及率达100%。

红牌村重视环境卫生工作。2019年，结合创建“美联新村”活动的开展，全面清理村组道路两旁、农户庭院内外、沟渠河道、田间地角的垃圾、污泥河杂物。组建乡村清洁劝导队，保洁人员13人。全村环境卫生基本达到“五无”（村组户内无积存垃圾、无卫生死角、沟渠河道无漂浮物、道路清洁无垃圾、田间地角无裸露垃圾）和“四化”（整洁化、秩序化、优美化、制度化）的标准。

红牌村设有农村书屋，有各类藏书3000余册，方便村民学习农业技术和文化知识。村委会还经常组织开展农家文化大院、星级文明户评选等活动，丰富村民们的精神文化生活，营造文明和谐的村风村貌。

▶ 传统建筑

飞鸣禅院 位于桑枣镇红牌村和松林村。始建于唐代，由当时的高僧德山大师筹建。宋宣和年间（1119—1125年），赵氏皇帝崇尚道家，更名为“祥符观”。明永乐二年（1404年）更名为“玉虚观”，正德年间（1506—1521年）被焚毁，嘉靖、万历、崇祯年间先后修建东岳宫、纯阳阁、铁瓦森罗殿等。清代尊崇佛教，道教发展受到抑制。顺治十六年

飞鸣禅院山门（李孝鑫/摄）

飞鸣禅院（王剑 / 摄）

（1659年）在原基础上修复并扩建，改为飞鸣禅院。禅院坐西北向东南，占地面积7315平方米，现存主殿为清代建筑。山门为2010年重修，为重檐歇山式顶，斗拱疏朗，出檐远伸，藻角飞翘，浑厚古朴，门两侧塑有威武庄严的哼哈二将把守。禅院主体建筑包括大雄宝殿、东岳殿、密宗殿等。

大雄宝殿亦称大佛殿，在天王殿的后方。坐落在1.8米高的素面条石台阶上，东南面设垂带式踏道7阶，为重檐斜山式，木构抬梁式梁架，八椽屋，四椽栿，前后乳栿搭牵用四柱，面阔3间11.7米、进深3间11.2米、通高11米、通廊宽2.3米。大雄宝殿是整座寺院的核心建筑，也是僧众朝暮集中修持的地方。

东岳殿坐落在1.5米高的素面台阶上，东南面设垂带式踏道4级，为木构单檐悬山式，面阔10间36.6米、进深5间10.35米、通高9米，有前廊。

密宗殿在大雄宝殿后面，建于清顺治十六年（1659年）。大殿座北向南，结构全为搁榫、斗拱斜拱木质双层结构，高约16米，青瓦铺顶，起脊卧阁。四面廊壁上满是古人留下的诗句。

羌王城 位于桑枣镇红牌村境内（涉及红牌村村集体山林及部分红牌村7、13组集体山林），又名徐家城，建成于明正德二年（1507年），历经汉、唐、明、清等多代羌人的经营。故秦代安县地属冉駹（音máng）岷山庄王统辖，汉宣帝地节元年（前69年）安县为涪县地，属广汉郡。此时期战乱频繁，为抵御朝廷进剿，涪江地域的古代羌人设立关隘，构筑军事城堡，长期镇守。唐与吐蕃战争后，唐朝派兵进剿石泉（北川、安县）白草（平武）诸羌，罗浮山羌兵增至五百至一千人。到明朝实行“羁縻”政策，正德二年，茂州所属静州土官拢木头土舍，从茂县土门经安县睢水关进入罗浮山，占据羌王城。以峭壁危耸的罗浮山腹背为自然

羌王城（李孝鑫/摄）

城垒，正面开阔地带，则施以人工，采用当地石料凿成四楞大石条砌筑城墙。城垣高4米、厚3米、长960米，东西开两座城门，山寨面积约1平方千米。城内依山就势筑有一座囤粮的内城堡。内城开四道石门，西侧门极为隐蔽，当属暗道。清咸丰十一年（1861年），乡人富绅徐畅领众人维修羌王城，并于其中新建囤粮小城堡，以抵抗外敌进攻。此后，人们又将此城称为“徐家城”，部分城垣至今清晰可见。

何家大院 何家大院形成于清末，为当地人何鼎丞修建。该院地理位置位于立云村境内，在红牌村被列入第四批中国传统村落名录时纳入红牌村。此处为桑枣坝子土地最为肥沃地区，大院占地约40亩，呈长方形，暗合古人“接龙脉望紫气”的风水理念。大院修建于战乱时期，故院落四周环以50厘米的厚墙。现存建筑有石大门，内有18个天井组合，四通八达，每个天井都有厚泥风火墙阻挡火灾，院落中有水池、假山等装饰。直至1920年，何鼎丞去世，其北面的阁楼还未完全竣工，后遂停止建设。中华人民共和国成立后，将何家大院一部分分给附近农民，一部分作为国有资产。2008年，四川汶川特大地震对何家大院造成一定程度的毁损，现基本保持原貌。

红牌村除了何家大院，还有金、孙、唐、黄、谢、李、刘、徐等多姓人家自建的大院。

▶ 特色文化

罗浮山庙会 罗浮山庙会是依托飞鸣禅院的佛事活动发展起来的民俗活动。佛教、道教建筑在罗浮山交替发展，反映了不同历史阶段，国家政权对宗教的抑制或是尊崇，飞鸣禅院的历史沿革也是中国宗教历史的缩影。每年的正月初一，既是弥勒佛生日又是新年辞旧迎新之日，正月初九的“上九会”、二月十九、六月十九、九月十九的观音菩萨出生得道和普度众生日，三月二十的东岳会，六月二十四的雷祖会，十里八乡的善男信女都会邀朋唤友前来朝庙。随着时间的推移，历史悠久的罗浮山庙会对周边地区的影响力也越来越大。

▶ 旅游名胜

罗浮山温泉旅游度假区 位于松林村、红牌村、关中村三村交界处，约40%面积位于红牌村，其中羌王城后山约500亩林地为红牌村特色景点。罗浮山温泉以药用温泉为核心资源，以温泉酒店为载体，形成一个集休闲、度假、疗养、会议为一体的度假区。罗浮山温泉采自1500米~2000米的地下，井口温度48℃。2007年7月，经四川省国土资源厅组织有关专家评定为“含碘、镭、锂、氟、锶、偏硼酸、硫化氢等高温热矿泉水”。2017年，该温泉被世界温泉和气候养生联合会授予“世界级疗养

罗浮山温泉旅游度假区（安州区地方志办公室/供图）

温泉”称号。罗浮山温泉旅游度假区内设施齐全，功能完善。区内多家星级酒店依山就势而建，风格各异，一年四季花山树海，是安州区乃至绵阳市的招牌景区之一。景区旅游带动红牌村及周边村民服务就业，同时增加了村集体和村民收入。

▶ 土特名产

焦鸭子　为安州区传统美食，因其“色如琥珀，咸淡适口，香味浓郁，回味悠长，老幼皆宜”而受到广泛喜爱。其起源于红牌村。相传，焦鸭子创始人焦先祖巧遇清宫御厨，焦先祖虚心好学，遂得其精髓。焦鸭子的制作从选鸭、宰杀、剖肚、挖肠、清洗、码味、腌制、出胚、晾制、香薰、卤制到装盘等10多道工序及香料配制、卤水煮熬、火候控制等各种工艺流程方面，都形成了标准化、定量化的科学卤制技术。经传统工艺卤制的焦鸭子色如琥珀、咸淡适口、香味浓郁、回味悠长、老少皆宜，早已成为闻名海内外的特色美食。罗浮山下有“百年老店焦鸭子”和焦小妹的“焦家大院”两家餐厅，都做的是同一祖传的焦鸭子。焦鸭子制作技艺现为市级非物质文化遗产，其代表性传承人是红牌村三组村民焦建。

焦鸭子（李孝鑫/摄）

窖藏张包蛋（桑枣镇红牌村 / 供图）

张包蛋 为安州区传统美食。关于张包蛋的起源，据考为清光绪年间（1875—1908年），创始人张元林结识了一位来自江浙一带的云游僧人，云游僧人传授给他一种无须蒸煮就可以让生蛋变成熟食的技术。后来，张元林制作的包蛋被人们称之为“张包蛋”。张包蛋的制作需经十余道工序，其核心技术在于选蛋、配料和窖藏。选出的质优上品蛋，用独家配制的料浆将其裹好，再将蛋装入坛中密封腌制，冬天需要25~30天，夏天需15天左右。腌制成熟的蛋还要放在泥地上或窖藏10~15天，达到去碱增香的作用，待到蛋清、蛋黄发生明显变化，蛋清黑釉出现“松花”，剥壳后色泽黄亮，蛋清呈现出美丽的花纹，闻之香味浓郁，食用则口感极佳。张包蛋生产工艺考究，通过对“选蛋”“配料”等环节的控制，有效地杜绝了重金属和沙门氏菌等有害物质存在于包蛋中的问题，且保质时间长达半年。

张包蛋制作技艺为绵阳市市级非物质文化遗产项目，其第四代传承人张军、张勇为红牌村人，秉承祖传张包蛋制作工艺，在红牌村建有张包蛋传习所和蛋类制品厂，其生产的系列包蛋产品深受消费者欢迎。2011年，张包蛋被绵阳市商务局评为“百年老字号”。

玫瑰系列产品 地处桑枣镇红牌村的绵阳香之源生物科技有限公司，有种植面积1000余亩。其涉及红牌村、立云村、松林村、花庙村，其中红牌村土地留转约400余亩。主要种植大马士革玫瑰，年产量可达30吨，产值300万元，带动周边200户农户从事玫瑰系列产品的种植、观赏、加工、生产、销售等。绵阳香之源生物科技有限公司拥有行业领先的无硫低温干燥技术，精选优质玫瑰花朵，48小时低温定香烘干。采用国际先进专用提炼设备，通过蒸馏法，萃取国际香型优质玫瑰精油和纯露。公司的主要产品为大马士革玫瑰精油、玫瑰纯露、玫瑰鲜花饼、玫瑰花冠茶、玫瑰酒等一系列产品。

（杨晓灵）

红牌村玫瑰田（安州区地方志办公室 / 供图）

江油市
二郎庙镇青林村

▶ 基本村情

江油市二郎庙镇青林村在当地习称“青林口古镇”。村中有全国重点文物保护单位——青林口古建筑群，有国家级非物质文化遗产项目——抬阁（青林口高抬戏），有中国工农红军第四方面军长征途经此地留下的大量红军石刻、墨写标语等革命历史遗迹。2013年8月，该村被列入第二批中国传统村落名录。

青林村（赵世才 / 摄）

位置境域　青林村位于江油市二郎庙镇东南6千米处，距江油市区56千米，距京昆高速厚坝出口9.6千米，距西成高铁江油北站9.2千米。地理坐标北纬32°01′、东经105°07′。村域面积20.43平方千米，传统建筑集中的古村落面积约1平方千米。

历史沿革　青林村，俗称青林口，因位于江油至剑阁的要道口，四周多青枫林，故名。元末明初，村落始兴。清初隶梓潼县上乡，清中晚期以来称忠乡。1918年，为梓潼县第六区。1935年隶重华区。1943年青寿联保改为青寿乡。1953年1月划归江油县。1955年改名青寿区（1956年区公所迁马角）。1961年建青林口公社，1966年改名青林公社，1981年复名青林口公社。1983公社改乡。1992年9月撤乡为村。2010年与辛家沟村合并为青林村。

选址与格局　青林村处于川西北第二台阶丘陵宽谷地带，平均海拔600余米。王爷山、人字山逶迤绵延数十里，至青林村止，与场镇的高差为200~300米。在两山相会的山谷间，有一条小河从深山中流出，与村前

青林村古建筑群（刘华伟／摄）

的潼江交汇，使村落形成二水汇流、群山环抱的秀丽景致。红军桥（合益桥）为古镇中心，将新街与老街连接，主要街道呈“丁”字形分布，长约1.5千米，路宽1.5～6米，又延伸出巷道。街道两侧为民居、铺面、寺庙、村委会及学校等建筑。

自然环境与资源　村域属亚热带湿润季风性气候，冬短春早、夏长秋迟，无霜期长，四季较为温和。年最高气温35℃，最低气温-10℃，年平均气温15℃，无霜期240天左右。青林村地处龙门山褶断带，受龙门山地震带制约，有良好隐伏的生油和储油构造。青云溪水从人字山与王爷山之间的山涧流出，经过红军桥，与由北向南奔流的潼江汇合，长约1000米。

人口　村民大多数为清初“湖广填四川”到此“插占为业”的移民之后，姓氏主要以符、邓、聂、尚、陈、刘、冷、辛等为主。1954年修建宝成铁路时，吸引大批来自绵阳、广元及外省市的商人和手艺人到此经商做手艺。2020年，全村户籍人口735户、1946人，常住人口3235人。

经济民生　地处交通要道的青林口，早在明清之时，就是人口稠密、商贸繁荣的富庶之地，曾有“买不尽的青林口”“川北旱码头”之誉。从20世纪70年代开始大面积种植白花桃，后发展成为江油市白花桃种植基地，规模种植达400多公顷，年产量达8600吨。此外，旅游和餐饮（豆腐宴）也是青林口古镇的主要经济来源。2019年全村经济收入1412万元，农民人均可支配收入23064元。2014年全村建档贫困户22户62人，通过精准施策和帮扶，至2019年年底全部实现脱贫。

青林村建有供水站1座，老街、新街下建有暗沟，雨水与污水一起排入暗沟。全村电源引自二郎庙镇110千伏变电站引进的10千伏电力线，通过村内变配设施输送至各户。全村已使用天然气，通信网络覆盖全村，交通出行方便。

▶ 文物古迹

红军桥 原名“合益桥”，是一座石砌三孔石拱桥，始建于清乾隆五十六年（1791年），桥身系木质结构。嘉庆五年（1800年）毁于战乱。嘉庆十四年（1809年）在原址重建，高7.8米、长23.7米、宽6.5米。桥面铺以板石，条石坐栏，两头街面自然形成引桥。

桥上的亭楼为木结构建筑，系晚清时补建。中间高楼与两头敞厅式建筑相连，桥头建有牌坊。双层飞檐，两侧檐口再伸向桥外。中间高楼使双重飞檐八角向空，每角系有金属内铃一只。楼顶有造型精美的宝顶一座。阁楼四面均为镂空花格窗户，楼下有双扇红漆大门一道。整座桥楼绘有各式花纹图案及少数浮雕人物，造型栩栩如生。木柱全漆朱红色，大门右侧以

红军桥（贾金尧 / 摄）

红军桥（贾金尧 / 摄）

半悬空式临河飞架神龛一座，供奉镇江、文昌神像，龛头悬吊铁钟一口，桥北紧邻粤闽会馆，更显美丽壮观。

1935年4月初，中国工农红四方面军第九军、三十军各一部分进驻青林口，建立苏维埃政权。红军撤离时，女红军刘大队长正患重病，被安排于杨采发老大娘家养病。后被军阀地主还乡团搜捕，绑在合益桥头毒打、示众。刘大队长坚贞不屈，英勇就义。1956年元旦，青林口百姓为缅怀这位牺牲的女红军，将合益桥改名为“红军桥”。1976年，红军桥被列为江油县文物保护单位。1992年，再次确定为江油市文物保护单位，2006年，被命名为绵阳市爱国主义教育基地。2007年，被列为四川省文物保护单位。2015年9月27日，央视中秋晚会在江油市青莲镇太白碑林举办，舞台以青莲“故园情”、青林口“合益桥”为侧背景，象征盛世和谐，益民同乐。

红军标语 1935年4—6月，中国工农红军第四方面军驻扎青林口期间，积极开展革命宣传动员活动，组成石刻队，利用青林口的石碑、石柱、石壁等，镌刻了大量醒目的标语，其中多幅保存在红军桥上。青林口现存13处石刻标语一般为阴刻勾红，多用行、楷、隶等字体书写，排列方式上则横、竖都有。除石刻标语外，黄家大院外侧墙壁上还保留有一条巨大的红军墨书标语。这些保存下来的红军标语作为青林口古建筑群的一部分，在2013年被国务院公布为第七批全国重点文物保护单位。

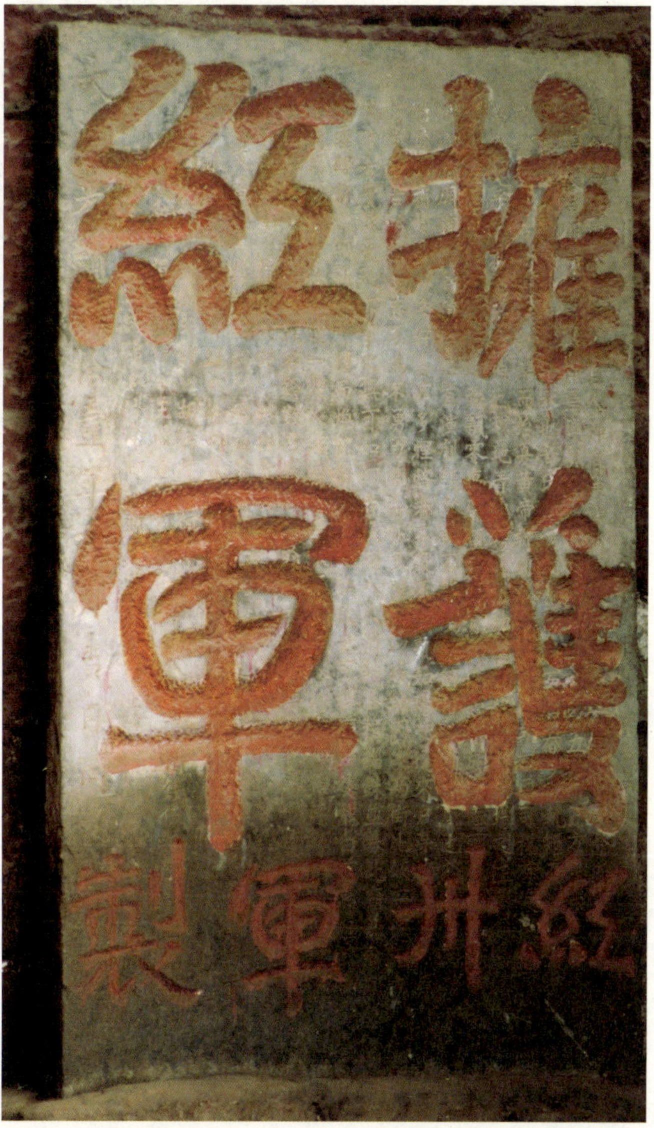

红军石刻标语（江油市地方志办公室 / 供图）

闽粤会馆戏楼（江油市地方志办公室 / 供图）

粤闽会馆 始建于清同治年间（1862—1874年），由广东、福建两省移民出资兴建，又名“广福宫”。会馆坐北朝南，位于合益桥（红军桥）北，与合益桥毗邻。现存建筑主要有戏楼和妈祖庙。

会馆戏楼为单檐悬山后出歇山两侧加耳房的组合式建筑，戏台高3米，总占地面积225平方米。一层明间为大门，室内两侧各设楼梯通向二层戏台，室内青石铺地，后檐四根石柱架空撑起戏台。戏台为木结构，由4根木柱支撑檐口，雕刻精美。两侧有耳楼，供乐师伴奏所用。戏楼飞檐翘角，角挂风铃，前广场以青石铺地，可容千人看戏。院内两侧各有一颗高大的紫荆树，花开繁茂而艳丽，周围绿树成荫。会馆戏楼东北侧为妈祖庙，由正殿和偏殿组成。现偏殿已毁，仅存正殿。

1935年，红四方面军驻扎青林口时，将粤闽会馆作为红三十军军部。2008年地震后，由河南省援建修复。

文昌宫　又名文昌行馆、文昌祠，原名魁星楼，于清光绪二十五年（1899年）由五省移民及众街邻共同集资仿江西腾王阁建造，位于荧火或宫正对面，距老街南50米。

文昌宫整体建筑群为梯形结构，后高前低。后为主殿，主殿楼分三层，穿木结构。主殿上层供奉鎏金泥塑魁星神像；中层中央供奉文昌大帝，左供苍颉，右供关公，两侧四尊木雕神像是一棵大树断雕而成，下层的六位站将是同一棵树的枝干所雕而成，做工十分精美。每层飞檐翘角，雕梁画栋，布设精巧。主殿顶屋脊中央建一基座，中直立五彩瓷塑“如意宝瓶”一尊。主殿两侧建有耳殿二栋，供奉菩萨多尊。

文昌宫临街大门上有一道大匾，可一匾三视，正看文为“代天宣化”，左侧看文为“忠义参天”，右侧看文为“禹粟传书”。匾平面用木棂镶成，设计十分奇妙。馆内多处墙壁、门、窗左右或上方，挂贴了当地学士符守龙、李思冀、何润林及各地来此竭拜的知名文人墨客尊匾、尊画、对联数件。

火神庙　又名荧烕宫、火神殿，位于老街南头，建于明正德年间，“街院合一”的独特建筑布局，体现了当时川北建筑的特色，整体建筑具有典型的明朝宫殿建筑风格。有大殿一重，殿顶屋脊中央铸塑“五蝠拜寿”一尊。耳殿左右各一重。大殿外廊挂铸造大钟一口。左右殿阶各立圆形大铁鼎一具，鼎高4米，直径约1.6米，外有对称双耳。正殿中供火神菩萨，左供财神、右供恒侯。神座下左右各塑神将三尊，各执不同兵器，两目圆瞪，嘴长红须，见而生畏。两侧耳殿供奉各行各业的祖师爷。两侧耳殿楼厢与文昌宫楼相连接一体，可以相互通行。石板铺院，可容300余人聚会。荧火或宫建筑面积约1500平方米。清光绪十七年（1891年）重修，梓潼知县桂梁材亲书碑文：顺善者六亲以安，从恶者大祸立至。

火神庙（贾金尧 / 摄）

黄家大院　又名“黄宫祠”，系1931年重华袍哥大头目黄清源借助外力荡平青林口邓氏武装后所建，是供其平日到青林口收租、休闲的地方。黄家大院为两进四合院，由大门、过厅、正房、左右厢房组成，建筑面积约500平方米。院门为青砖石墙，中开一拱门，左右有石联一副：“捍患著义方，复我邦土；济时思福利，报公馨香。”穿过过厅，到后院天井，迎面是正房及左右厢房。正房为穿斗式，不使用木梁，直接用木柱承檩，檩上架椽，房檐比普通民房高很多，显得雄伟气派。建筑风格与潼江对岸的古镇清代建筑迥异，为典型的民国时期建筑风格。1935年红军在青林口驻扎期间，黄家大院曾为红军的伙食团。大院南侧外墙保存着一幅红军墨写宣传标语：“红军是中国民族和劳苦民众的救星！”是国内现存最大的一幅红军手书墨写标语。1999年，中央电视台电视连续剧《西游记》续集剧组曾在此取景拍摄。

青林口黄家大院红军墨写宣传标语（江油市地方志办公室 / 供图）

符家大院 清代建筑，位于古镇新街上，原为龙安府廪生符守龙的私宅。大院坐东朝西，前低后高，为典型的三进台式建筑，由临街房、过厅、正房及两侧厢房构成。临街房为穿斗式悬山建筑，南端相连的一间作为过道可通院内，与江西馆（万寿宫）相邻处建封火山墙，临街一面设铺板门。拾级而上，便是过厅，前后檐均设槅扇门。临街房与过厅之间设结构式样相似的对厅，室内设木楼梯可通临街房二楼。过厅之后，是一高台，通过二十级的石踏可达正房。正房单檐悬山式建筑，以墙体承重，前檐正间设槅扇门，两次间设和合窗。正房与过厅间设结构式样相似的对厅，分别为书楼和绣楼。二楼依山势而建，前檐设槅扇门和书条形半窗，造型精致大方。宅院内有大小房间40余间，并建有花园、浇花六方水井，养鱼石缸等，中庭花园内一株凤尾松（苏铁）已有近三百年。惜大院年久失修，主入口建筑破损严重，后部完全倒塌，仅存部分主体框架。

▶ 特色文化

青林口高抬戏 是清初福建、广东移民从闽南带来的一种独具特色的民间表演艺术形式，又称为“飘色”或“抬阁”。每台戏根据剧情由数名孩童装扮成戏剧人物进行表演，小者3~5岁、大者8~12岁，均在由道具固定在一定的装置（一根“Z”字形铁柱）上进行表演。整个节目置于一桌面上，由4~8名大汉抬护，配以相应的鼓乐，上街巡游。高抬戏主要以《秋江》《踏伞》《穆柯寨》《穆桂英打雁》等川剧折子戏为表演剧目，也有以历史典故为蓝本的创作。在继承传统剧目的同时，还创新了一批具有地方特色的剧目，如《红军长征》《太白醉写》等。高抬戏把戏剧造型与民间绑扎工艺巧妙地结合起来，让家喻户晓的传统戏剧片段置于巡游状态，具有较强的观赏性、趣味性和参与性。

青林口高抬戏（杨安文 / 摄）

2006年10月，青林口高抬戏作为四川省非物质文化遗产被推荐到广东番禺参加中国民间艺术文艺汇演，获得最高奖——“山花奖”。2008年6月被列为国家级非物质文化遗产代表性项目。

青林口豆腐宴 青林口家家有石磨，户户做豆腐，豆腐制作技艺由各省移民带来，传承至今。青林口豆腐具有色白、嫩软、韧细、味美等特点，多用传统川菜如红烧、凉拌、油煎、水煮等烹调方法，是百姓日常餐桌上不可或缺的美味佳肴。青林口有许多豆腐和豆制品加工坊，产品销往江油各乡镇及周边县市。随着古镇旅游业的发展，青林口以豆腐为主的餐饮业兴起，各饭馆纷纷推出特色“豆腐宴”，不但保留了传统的豆腐菜品，还吸收外地经验，不断推陈出新，创制了怀胎豆腐、芙蓉豆腐、蛋清豆腐、虎皮豆腐、草船借箭等特色菜，其制作工艺出众、味道鲜美，深受游客喜爱。2018年，青林口豆腐宴制作技艺被列为绵阳市级非物质文化遗产。

烧火龙 最早源于青林村祭祀祈雨的传统，后来则逐渐演变为节庆日中驱邪祈福的民俗活动。为达到最佳观赏效果，一般在夜间进行。表演时，十多名壮年男子抬起一条长约30米的龙，在新街和老街巡游。传统烧火龙还伴随着“浇铁水”（或称“打铁水”）表演。所谓“浇铁水”，就是将高温融化的铁水，经由特制木板打向空中，照亮夜色，如烟花般绽放。后出于安全考虑，就直接用烟花替代。表演者在龙头上装填火药，点燃后，龙头冒着烟和火花，舞龙人上下、左右来回舞动，龙头金光闪烁，龙身上下腾挪，极为壮观。为讨一个好彩头，祈福迎祥，街道上的民众在火龙经过时点燃烟花和鞭炮等，烟花直冲火龙，在龙身上绽开，有“火树银花不夜天”之感。中华人民共和国成立后，老艺人们将烧火龙的工艺进行改良，龙身中部分采用灯泡，但龙头上的烟花制作工艺得以沿袭。

▶ 土特名产

白花桃 20世纪90年代，青林村通过当地品种芽变培育而成的白花桃系列品种，具有独特的口感风味和地域适应性。白花桃单果重200～250克，果皮光滑、白里透红，果肉嫩白，皮薄核小、易离核，口感清甜香脆。2006年3月，青林村果树协会为青林口白花桃等鲜水果注册了“蜀道青林口”商标。2014年，“蜀道青林口”白花桃通过中国绿色食品发展中心绿色食品认证。

每年3月，游客可到青林口游览漫山遍野桃花盛开的桃林美景，亦能欣赏到桃花艺术节上的青林口高抬戏表演。7月桃子成熟时节，游客则可以走进桃园，尽情赏桃摘桃品桃，分享桃园丰收的喜悦。（谢小东）

盐亭县
大兴回族乡青峰村

▶ 基本村情

盐亭县大兴回族乡青峰村是汉族、回族杂居的自然村，现存村落形态形成于清代中后期。该村有三处古民居群，即洞口湾王家大院、正方湾王家大院、王家坝老屋（含王家坝二房头），在盐亭县的传统古民居中具有一定的代表性，均属县级文物保护单位。2016年12月，该村被列入第四批中国传统村落名录。

青峰村（大兴回族乡青峰村/供图）

位置境域 在1981年地名普查时，青峰村因境内山峰全为四季常青的树林覆盖而得名。该村位于大兴回族乡北部、245国道旁，距大兴回族乡场镇1千米，地理坐标北纬31°16′、东经105°28′。村域面积6.18平方千米，辖5个村民小组，呈散点状分布。村庄占地面积约1.57平方千米。

历史沿革 青峰村村境在秦汉时期为古蜀道东段必经之地。商旅往来，人员辐辏，渐成村落。明洪武年间（1368—1398年），开国元勋、定远侯王弼后人迁入盐亭富村驿，嗣后繁衍至今青峰村紫金山下，修建王家老屋，形成百户领地。清康熙三年（1664年），王弼后裔、百户长王仕谕（号灵溪）将世袭禄地粮民册上交盐亭县大堂，县官不以礼遇，一气之下，王仕谕将粮民册转而献交两百里外的南部县，获嘉许为修职郎（正八品）的官衔。于是，村东南界牌垭以东的土地，今复明、富驿、雄关一线成为南部县辖地，王家坝更成为南部县伸入盐亭县境内的“飞地”。康熙五十四年（1715年）王氏为光宗耀祖、重振家声、激励后昆，投入巨资修建了王家大院，保存至今。

中华人民共和国成立前，该村与北邻龙泉同属一保，隶属于冯河乡；中华人民共和国成立初，改为灵龙村，仍隶属冯河乡。1961年改称为灵龙大队，从冯河公社划出，归属于当时新建的灵山公社。1977年灵山公社更名为林山公社（后为林山乡）。1981年灵龙大队更名为青峰村，属林山乡。1992年10月林山乡并入大兴回族乡，青峰村隶属关系一并划转。1995年10月划入重新设立的林山乡。2019年与龙泉村合并，仍定名为青峰村，隶属于林山乡。2019年12月25日，撤销林山乡，将原林山乡和原冯河乡尖子村所属行政区域划归大兴回族乡管辖，青峰村亦划入大兴回族乡。

选址与格局 青峰村地形以丘陵为主，南高北低，一条小河由南向北注入弥江河。村西倚尖子山脉，东北面对龙顶山脉，东面为与富驿镇梨园村接壤的山梁，西南面是三条低矮的山梁，南面为原林山乡场镇。古蜀道由西南向东北穿村境而过，是三台至阆中、成都至巴中必经之地。青峰村的形成依托于当地得天独厚的地理条件，在交通、地形、地貌、水源等方面都宜居宜农。村内森林密布，山湾怀抱村落，绿树掩映民居，良田分布于平坝和浅丘山地，颇具“阡陌交通，鸡犬相闻”的诗情画意。

青峰古村落分布于尖子山东面山脚的三湾一坝上，分别为3、4、5组的洞口湾、正方湾、王家坝。其中以王家坝村落规模、格局、建筑保存最为完整。王家坝老屋位于村道南侧，地处村落中心位置，其他民居围绕老屋自由展开。洞口湾规模次之，地处山湾避风处，王家大院位于山湾最里面，其他民居则沿等高线顺势分布。正方湾规模最小，以王氏民居为核心，周边有数栋传统民居。

自然环境与资源　青峰村属于丘陵地貌，平均海拔430米～510米。属亚热带季风性湿润气候区，光照适宜、降水集中，雨热同季，四季分明。年平均气温15.3℃，年平均日照时数为2352.6小时，无霜期256.9天，年总降水量1639.4毫米。农业主产水稻、小麦、玉米、红薯，兼产棉花、油菜籽、花生。养牛、羊、蚕。村域内植被丰富，乔木以柏树、松树、青杠树为主，灌木以马桑树、黄荆树为主。村中农家宅院后多种植有梨、柚子、枇杷、桃、杏、核桃等果树，四季花果飘香，生态环境优美。

人口　2020年，全村户籍人口共681户、1551人。以汉族为主，少数民族中回族人口较多，共284人，占总人口的18.3%。现主要姓氏以王姓居多，另有达、何、许、侯、雷五大姓氏。

经济民生　青峰村交通便捷，距大兴回族乡场镇1千米。截至2020年，村内有水泥路面村道23.3千米；引水沟渠3.2千米，灌溉全村1276亩良田。境内有黄家嘴水库和袜泉河水库，饮用、灌溉水源无虞。老年日间照料中心、村民活动中心、村民卫生室等一批民生项目已建成并投入使用。青峰村大力发展蜜柚、杂柑、海虾等产业，成立的林峰蜜柚种植专业合作社现有核心成员101个，其中当地农民成员98人，占97%，栽种蜜柚、杂柑、柠檬、桃子、李子等经济果树1500亩。每年蜜柚产量可达150多万千克，产值200多万元，有效带动当地贫困农户30余户参与劳动，仅劳务支出一项就达8万元。2020年村集体收入1.5万元，村民人均年收入2.5万元，成立农业开发公司2家。

▶ 传统建筑

青峰村的传统建筑主要是传统民居，大多位于洞口湾、正方湾和王家坝，现有保存较为完整的穿斗木结构院落118套，多为清代所建，另有23套院落年久失修。这些传统民居多依山就势而建，布局错落有致。建筑式样不一，有“一”字形、三合院、四合院、三道朝门、五岳朝天，整体风格与地形地貌和谐统一，体现出自然与人文的融合呼应。建筑结构大多为人字水、青瓦屋顶、穿斗木架构，坐西朝东，以中间堂屋为轴线，左右对称，有面阔三间或五间的。房前有宽窄不等的阶沿和院坝，是居民休闲聊天、置放农具、晾晒和堆码粮食的重要场所。夹壁多用篾编，外糊草泥或用石灰粉刷，部分房屋外墙砌有花纹砖。四壁多用木板装成图案形，为采光需要，在壁面设计安装推窗或固定窗户。窗棂雕刻精美，多刻画有太极图或如意缠枝花、青龙、白虎、祥云等图案。虽然修建年代久远，但传统农耕文化印记仍保存完好。

洞口湾王家大院 为盐亭县文物保护单位。大院建于清康熙五十四年（1715年），总建筑面积2110平方米，坐西向东，为多重四合院布局，在主四合院两侧各有2个小四合院。主四合院的天井用青石板铺地，长

洞口湾王家大院（大兴回族乡青峰村 / 供图）

洞口湾王家大院正房（大兴回族乡青峰村 / 供图）

洞口湾王家大院右厢房（大兴回族乡青峰村 / 供图）

洞口湾王家大院下厅（大兴回族乡青峰村 / 供图）

14.4米、宽11米。台阶用条石砌成，高1.2米，中置七级踏道。正房面阔5间，其堂屋宽4米，次间宽3.4米，梢间宽3.8米，进深7.4米。王家大院为穿斗、抬梁混合式梁架，单檐悬山式顶，屋面覆小青瓦。该建筑布局合理，结构紧凑，艺术构建较为精美，具有清代川西北居民建筑的典型风格。

王家坝老屋 为盐亭县文物保护单位。建于清代早期，由当时的大财主王家栋建造，后来又历代维修，部分因地震损毁，基本结构完好。老屋为穿斗、抬梁混合式梁架，单檐悬山式顶，小青瓦覆面。老屋坐南向北，总建筑面积1760平方米，原为两进四合院布局，现存后院。

正房前台基用条石砌边，宽8.7米，高1.1米，中置七级踏道。正房面阔3间，10.1米，进深4间9.4米。左右厢房面阔五间，进深6米，前房通长12.7米，进深5米。天井由石板铺成，长8.7米、宽8.5米，左右配房开间3米，进深5米。该建筑曾被王家栋用作丝织厂房。

王家坝二头房（大兴回族乡青峰村 / 供图）

王家坝二房头 为盐亭县文物保护单位。建于清代早期，由王家栋之弟建造，总建筑面积1630平方米，坐西向东，为四合院布局。穿斗抬梁混合式梁架，单檐悬山式顶，屋面覆小青瓦。

正方湾王氏民居 为盐亭县文物保护单位。建于清道光年间，为穿斗、抬梁混合式梁架，单檐悬山式顶，小青瓦覆面。总建筑面积2340平方米，坐西北向东南，由5个四合院组成，主四合院两侧分别建2个小四合院。主四合院正房前用条石垒砌台基，高1.1米，中置七级踏道。正房面阔5间18.5米，进深3间，8.1米，堂屋宽4.3米，次间宽3.3米，梢间宽3.8米。天井由青石板铺地，长14.2米，宽11.6米。

正方湾王氏民居正房（大兴回族乡青峰村 / 供图）

正方湾王氏民居下厅（大兴回族乡青峰村 / 供图）

敬家祠（大兴回族乡青峰村 / 供图）

敬氏祠堂　建于清代，“L”形土木结构，高4米，深5米，总长17米，是敬式族人祭祀祖先和先贤、商议族内重要事件、惩恶扬善、教育子孙的场所。

青石桥　由王氏族人于1921年修建，以方便小河两岸村民来往，至今保存完好。桥长6米，宽1.5米，高2米。桥面由长3米、宽1.5米、厚0.4米的两块大青石构成。

▶ 风土民情

雕刻　青峰村的雕刻主要是石雕和木雕，一般被运用在建筑方面。石雕主要运用在柱础、阶沿石、记事碑和墓地等处，木雕则主要用于门、窗、牌位等处。雕刻内容丰富，常以戏剧人物、花草、动物、佛教

脊梁双喜（大兴回族乡青峰村 / 供图）

石雕（大兴回族乡青峰村 / 供图）

八宝为题材，蕴含中国传统的福、禄、寿、喜、财等吉祥寓意。雕刻手法形式多样，包含圆雕、浮雕、透雕（镂空雕）及平雕。雕刻材料要求结构致密、硬度较好，石材首选花岗岩，木材多为柏木。

草索杆　是青峰村村民传统的储存稻草的方式。在房屋周边或田坝上利用自然生长的树木或人工竖立一根高3~4米、直径20厘米左右的木杆，先将大量晒干的稻草捆成一个一个的小把，然后将小把稻草尖向着中心一层一层旋转堆放到树干或木杆上。用时由下而上，每次扯出一小部分，即使下面悬空，草垛也不会散架。用此方法储存的稻草可以一两年不变质，一根稻草垛可供一头成年耕牛吃一个冬天。高大松软的稻草垛往往也会成为孩子们嬉戏玩耍的地方。

火烧馍　青峰村是回族、汉族杂居的传统村落，早在明代就有回族民众迁入村境定居。回族人擅长在外做生意，又禁忌非清真饮食，因而习惯自制干粮携带出行，带的干粮以火烧馍为主。回民火烧馍的保质期在炎热的夏季为15~20天，在寒冷冬季保质期可在30天以上。

火烧馍（大兴回族乡青峰村 / 供图）

火烧馍的制作工艺保留至今。首先选用上等小麦面粉和老面（发酵面），用水和匀，待软硬适中后进行发酵；再用食用碱调节酸味，拌上适量精盐和花椒面；其次揉搓成条形，盘成螺旋结，擀成饼状，放上少量芝麻，上锅烘炕，两面七八分熟时起锅；最后放入灶膛内用火灰覆盖严密，烧烤至表层呈黄色全熟。火烧馍口感松酥、香脆，既能充饥，又方便携带，逐渐成为当地颇有名气的地方特色食品。

▶ 人物传略

侯伯英（1907—1935），本名侯登仁，又名侯服周，化名侯玉州、侯伯勋、朱建文。清光绪三十三年（1907年）一月出生于盐亭县灵山乡王家坝（今大兴回族乡青峰村境）。1922年春，以优异成绩考入柏梓乡高等小学堂。1925年，就读于三台潼属联立中学。1927年，考入驻三台国民革命军第二十九军政治讲习所宣传班学习，结业后被分配到该军部宣传处任宣传员。1928年，经中共地下党组织联络人介绍，秘密加入中国共产党。1929年回盐亭发展地下组织，成立中共盐亭特支。1930年，被中共四川省委派到合川、广汉、广安、永川、灌县等地方从事或检查军运工作，发动、组织兵变和农暴，迎接红军入川。1933年，中共党组织派侯伯英到邛崃任游击区军事委员，指挥抗捐军的斗争，并兼任中共邛（崃）、蒲（江）、大（邑）县委书记。次年4月，侯伯英以茶商身份作掩护开展工作，把抗捐军正式改编为川康边中国工农红军游击队。他在游击区内领导农民对土豪劣绅进行抗粮、抗捐、追缴契约债务的斗争，组织游击队员和群众进行反围剿，不断扩大游击队的影响力。

1934年12月，中共邛（崃）、蒲（江）县委被游击队里的叛徒出卖，侯伯英夫妇等被捕入狱。在敌人的严刑拷打下，侯伯英坚贞不屈，于1935年1月20日夜被敌人秘密杀害于邛崃西河坝，牺牲时年仅29岁。

（张汝溪）

盐亭县
黄甸镇龙台村

▶ 基本村情

盐亭县黄甸镇龙台村形成于明清时期，至今仍较好地保留着川西北农村的传统风貌。村中有大量穿斗木结构的传统民居建筑，式样独特，风格古朴，颇具农耕文化和地方民俗特色。2019年6月，该村被列入第五批中国传统村落名录。

龙台村（黄甸镇／供图）

位置境域 龙台村位于盐亭县黄甸镇东南部，村委会距镇政府4千米，地理坐标为北纬31°33′、东经105°25′。东临利和村，西接金益村，南与马龙村接壤，北与三学村相连。村域面积11.69平方千米，辖14个农业社，呈散点状分布。古村落占地面积0.31平方千米，距绵（阳）西（充）高速黄甸出口8千米，交通便利。

历史沿革 龙台村是典型的由宗族聚居地发展而成的传统村落，村中主要宗族为王氏家族。据史料及《王氏宗谱》记载，龙台王氏祖籍山东莱州，宋朝初朝，王氏先祖王纯举家迁徙入川，后再迁湖广黄州府麻城县孝感乡。明朝后期，王纯之子王武因平叛有功，获封“保国定海”将军，入籍今盐亭县黄甸枣林嘴。明末，王氏后人来到龙台村木龙湾定居。此后王氏人口代代繁衍，加上后来迁入的外来移民，渐成村落。民国时期属三元乡十一保。1949年隶利和乡。1954年属黄甸区利和乡。1956年属黄甸区利和公社二大队。1959年划入玉龙区属永兴公社二大队。1963年复归黄甸区属利和公社二大队。1965年分成二、八两个大队。1979年属利和乡。1981年因该村有龙台古寺，正式更名利和乡龙台村。1992年撤区建镇属黄甸镇龙台村。2016年与文林村重新合并为龙台村。2019年村级建制调整，与桥坝、文林、永宁组成现龙台村。

选址与格局 龙台村地处王武山和笔架山之间，古村落建筑集中在王武山西北面的缓坡台地上。古村落背负层峦，面向大山，形似笔架，按传统风水学说有先人笔走龙蛇、指点江山的豪迈气象。山峦从村东蜿蜒而至，在木龙湾盘旋后，绕过木龙湾一路向西，处处凸起形似虎踞，连绵不绝。山湾前面地下水丰泽之处沉积一洞，千百年为村民提供生产生活用水。

古村落建筑主要分布在先生沟、木龙湾、新房子、龙台寺、嘴上五处，形成五个小聚落，既有联系，又有分别。以古村落核心木龙湾为中心，左面一路南下为龙台寺、新房子、王家祠堂、王严湾、和尚湾直到文家观，右面依次为大柏树、王洞坪、家孝湾、二台湾直至打铁垭。全村基本为“二”字形平行结构。整体顺应缓坡地形，分段跌落台阶式高低错落，颇富立体感，远观就像铺挂在山坡上的一幅幅画卷。村道路呈“之”字形贯穿全境，宛如白玉飘带。各社、湾道路呈树枝状联系各家各户，整体格局清晰。

自然环境与资源 龙台村位于四川盆地西北部，地貌属盆地辐射深丘区。平均海拔450~480米，属亚热带湿润季风气候，光照适宜，四季分明。年平均气温16℃，平均日照1354小时，无霜期294天以上，平均降水量850毫米。沟底小溪为主要生产生活水源，春夏季雨水丰沛，秋冬季干枯。村落土壤肥沃，植被灌木种类多杂，森林多为桤、柏，覆盖率56.49%。村内王严湾有白鹭聚居，应时而至，一片白色，蔚为奇观。村境青山环绕，乔木林立，灌木丛生，乔木以翠柏、香樟、银杏、青杠、苦楝、杨树、槐树、桑树为主，灌木以马桑、黄荆、刺藤、苎麻为主，乔灌木混杂而生，绿树掩映民居，风光优美如画。野生的兽类有野兔、野猪、獾子等，鸟类有野鸡、斑鸠、黄雀、麻雀等，种类繁多。

人口 2020年，全村共1733户，户籍人口3612人，常住人口1369人，主要民族为汉族，占总人口99.9%。现有主要姓氏有王、杨、刘、勾、陈、董六大姓氏。第一大姓王氏为黄甸枣林嘴王姓旁支，为明后期武将王武之后。其他姓氏族人等迁入村境原因较多杂，多为躲避战乱、灾荒、饥馑来此定居繁衍生息。

经济民生 龙台村与成德南、绵西两条高速公路相邻，在距该村4千米处设有高速公路出口，县道、镇道平直畅通。2020年，全村有村道水泥路24.2千米、社道水泥路38.4千米、入户水泥路32.3千米，通社率97.6%，入户率81.3%。实行“金土地”整理项目2571.3亩，硬化生产作业道26.8千米，新建规范灌渠19.5千米。电力升级整改全面结束，安全入户率100%。村境无较大河流，水资源较为紧缺，人畜饮水及灌溉用水主要依靠人工蓄水、引水及地下水。现有小（2）型水库1座，山坪塘26口，堰塘6口，饮用水井356口，实现武都引水工程直灌6778亩，自来水用户276户。村境通信网络实现全覆盖。

龙台村主要产业为传统种养殖、特色种养殖、加工等。传统种养殖以种植水稻、小麦、玉米、油菜、豆类等和养殖家畜家禽为主，年产值约750万元。特色种养殖以成片流转土地种植杂柑、藤椒、甜李、枇杷、柚子等和养鱼、小龙虾等为主，小溪两岸和村道两旁以丹红杨为主，各家宅前院后种植有梨、柚、桃、橘、杏、枇杷以及牡丹、玫瑰、海棠、木槿等草木花卉，年产值约38.4万元。加工业主要是“驸马山”牌手工挂面，年产值约86万元。2020年村民人均年收入18762元，主要由务农、经商、务工组成，其中外出经商和在村商户94家，年总收入约282万元，集体组织成建制输出富余劳动力2208人/年，年总收入约5520万元。2014年，全村登记贫困人口130人。通过实施精准扶贫，2020年全部脱贫摘帽。

▶ 传统建筑

龙台村传统民居建筑群　主要位于龙台村1、2、4、6、7组，传统风貌保存较好。现存穿斗木结构院落80套，依山势而建，错落有致，丛林掩映，古朴典雅。其中：二十世纪七八十年代建筑62套，约1.2万平方米；明清建筑18套，3260.55平方米（四合院3套2061.56平方米，三合院1套254.78平方米；三层古建筑805.9平方米，两层古建筑1255.66平方米，单层古建筑1198.99平方米；保存较好的11套2803.77平方米，年久失修的7套456.78平方米）。传统民居建筑占村庄建筑总面积比例47%，其中仍在使用的建筑约占32%。

龙台村传统民居建筑式样分“一”字形、三合院、四合院。建筑结构多为人字水，青瓦屋顶，穿斗木架构。一般为坐东向西或坐西向东，以堂屋为轴线，堂屋左右为正房，三、四合院左右两竖列为厢房。房前都有阶沿，堂屋正前阶沿称大阶沿，是居民休闲、聊天、临时放农具、雨天晾晒和堆码粮食的重要场所，一般宽3～4米。阶沿材质多以石料采用水磨工艺拼砌。厢房前为小阶沿，阶沿外院坝多用长方形石板拼铺，院坝中间以堂屋朝向为中轴线铺设甬道。甬道石板长宽一致，以“生老病死苦”五字为数，从第一张石板数起，最后一张石板要落在“生”字上。四壁多用木板装成图案形，壁面设计推窗或固定窗户，俗称窗格子。夹壁多用篾编，外糊草泥或粉刷石灰。窗棂雕刻精美，寓意深刻，内容大多富含中国传统吉祥如意图案或历史人物，雕刻手法为镂、透、

龙台村传统民居（黄甸镇/供图）

龙台村传统民居（黄甸镇 / 供图）

圆，或兼而用之，边版装饰多用浅浮雕写意如意或缠枝花卉。中堂中梁多画有太极图或如意缠枝花卉等图案。

木龙湾王氏宅 俗称王家大院，位于龙台村2组，是龙台村传统民居建筑的典型代表。该宅院为王氏宗族祖屋，始建于明末清初，经几代人增建，到清代后期时，已形成一个由一座四合院和多座辅助建筑组成的大型民居建筑群，占地面积约8000余平方米，房屋数量众多。由于年代久远，王家大院原有的“百岁楼”“思亲阁”等标志性建筑已被拆除或毁损，现仅存厢房、堂屋、门廊等，其中房屋约80间，中华人民共和国成立初土地改革时分给多户农户居住。现存院落呈“品”字形布局，中间为建在约3米高台上的两层主屋，两侧为三层木楼厢房。原为全木结构建筑，后使用泥土等材料进行过修缮。木楼保存状况较好，层高约3米，楼高约9米。门窗、梁柱等处多以雕刻、镶嵌等手法装饰，工艺精美，为川内明清民居建筑中所罕见。

木龙湾王氏宅建筑群（黄甸镇 / 供图）

王氏宅院落内景（黄甸镇 / 供图）

王氏宅木楼雕饰（黄甸镇 / 供图）

▶ 风土民情

民间曲艺 北山歌，龙台村一带流传的传统地方民歌。曲调质朴悠扬，内容极具地方和乡土特色。有从事劳动生产中唱的劳动歌（如《薅秧歌》），有反映男女情爱的对歌（如《月儿落西下》），有祭祀仪式和庆典时的祀典歌（如对灵三现、出堂三现）等。

板凳戏，也叫“川剧坐唱”，又叫“玩友儿”（也叫“打玩意儿”）。是四川民间流传的一种川剧演唱形式，在龙台村也颇受欢迎。表演者或三五人，或十余人不等，一张方桌，几条长凳，甚至席地而坐即可开唱。通常由一人主唱，多人奏乐并在高潮时帮腔应和，也有分生旦净末丑同唱的，多见于茶馆、酒店、庙宇、婚丧嫁娶仪式和民间集会等。由于不需要专门舞台，不必走台步、着戏服，可以坐着弹、坐着唱，所以叫作“板凳戏”，本地流传有俗话“板凳戏，坐倒看”。

此外，龙台村流传的民间曲艺形式还有莲花闹、打莲箫、金钱板、道情等。

手工挂面 龙台村特产“驸马山”牌手工挂面，主材为本地产优质小麦面粉，辅料包括食用盐、小磨香油、山泉水、鸡蛋等。采用纯手工传统工艺，经磨粉、去麸、和面、发酵、揉制、搓条、盘制、自然晾晒等多道工序精心制作。挂面面丝无孔，耐煮不稠汤，口感筋道顺滑，回锅如新。由于“驸马山”牌手工挂面制作工艺要求严格，季节性强，因而产量不高，供不应求。手工挂面合作社以“驸马山”为产品商标，源于龙台村境内的驸马山及相关传说。相传当年张献忠在成都称帝之后，北上陕西作战，因内忧外患，所食皆觉无味。一日，张献忠行军经黄甸境内，人困马乏，传令扎营，忽闻风中异香，便使人查寻。随从很快引

龙台村手工挂面（孙秀云 / 摄）

来一名英俊少年，少年端着一碗热气腾腾面条，闻之香味馥郁。张献忠试尝之，觉味道鲜美，齿颊生香，于是胃口大开，心情爽朗。又见少年俊秀挺拔，甚为喜爱，当即将自己的义女许配给少年，是为驸马。后人遂称此山为驸马山。

▶ 人物传略

王明经（1863—1926），字济清，号用辑，龙台村人。清光绪十九年（1893 年）癸巳科文举人，民国时期曾任四川省参议会议员、潼川府中学堂校长。四川保路运动期间，王明经倾向革命党人一方，加入保路同志会，与罗伦、张澜等人一起，反对清廷将川汉铁路收归“国有”、出卖筑路权的“谕令”，被盐亭县保路协会公推为会长。在此期间亲赴各乡演说，呈请督县拒款废约，受到全县人民拥戴，在全省产生很大影响。据《盐亭县志》记载，民国初年，军阀混战，匪患成灾，国弱民穷，王明经倾其家产，募集资金，开办学堂、团练，请教师，购枪炮，保一境平安，匪人闻风远遁。

王剑清（1922—1998），笔名剑清，龙台村人，王明经之女，中共党员，当代著名作家。毕业于华北联合大学。历任《晋察冀日报》编辑、记者，《冀东日报》编辑组组长、采通部副主任，天津市委宣传部教育处副处长，《人民日报》记者，《中国青年报》编委、农村部主编，中国作协鲁迅文学院学员，九三学社中央《红专》刊物副主编，湖南省文联副主席、秘书长，《湘江文学》主编，河北省社科院语言文学研究所所长。中国解放区文学研究会副会长。1946年开始发表作品。1979年加入中国作家协会。著有长篇小说《梦断魂销》，诗集《大自然奏鸣曲》，等等。《晋察冀文艺史》（主编）获中国解放区文学研究会研究专著一等奖、河北省社科研究优秀成果二等奖。

（王怀东）

梓潼县
文昌镇七曲村

▶ 基本村情

梓潼县文昌镇七曲村形成于明末清初，村境内分布众多具有历史价值的古建筑、古道、古树和传统民居。其中最为知名的是全国重点文物保护单位——七曲山大庙古建筑群落，以及具有古蜀道文化特色的水观音景区。2019年6月，该村被列入第五批中国传统村落名录。

七曲山（梓潼县摄影协会/供图）

位置境域　七曲村位于国家级风景名胜区七曲山风景区内、梓潼县城北约5千米处，金牛古蜀道及原108国道纵贯村域，地理坐标为北纬31°41′46.5″、东经105°11′52.0″。村境东临高桥村，西接龙口村，南与东风村接壤，北与排柏村相连。村域面积12.18平方千米，辖9个村民小组，呈散点状分布。村庄占地面积约0.08平方千米。

历史沿革　七曲村因地处七曲山而得名。明末前，七曲村的人口变迁和社会历史已无明确记载。明末清初，有裴氏、贾氏在七曲山守庙耕田而居，随后毛氏因山谷风水好，在此购田地定居。邓氏祖先表演阳戏来此，因大庙周边适宜表演，遂购买庙产定居于北侧山峰处，逐渐延伸。随着人口繁衍及外来姓氏迁入，渐渐形成村落。中华人民共和国成立至改革开放前，七曲村境为林场大队。20世纪80年代更名为七曲村，隶属于文昌镇。

选址与格局　七曲村地处古蜀道——金牛道在梓潼县境内的重要节点。村庄格局主要由清军入川和“湖广填四川”时期的外来移民迁入定居后自然形成。移民通过购买庙产在自己拥有土地内建房居住，并以宗族形式聚集发展，最终形成大分散小聚集的宗族聚落的形态。各个聚落由村内街巷串联组团，各组团以宗族姓氏为聚居，依山势自然分布。七曲村以血缘宗亲为单位宗族聚落主要有毛家沟（四组、五组）、小邓家湾（九组、八组）、大邓家湾（十组）、高家湾（三组）、赵家角（一组、二组）、侯家山（八组）、宇家山（六组、七组）等。其中，毛家沟是七曲村中形成时间最早、规模最大的人口聚居点，位于七曲山南侧山谷处。全国重点文物保护单位七曲山大庙古建筑群落位于村北靠中心位置，水观音佛教文化殿堂群则位于村南端。

自然环境与资源　七曲村位于剑门山余脉七曲山上，其地质构造属于川西北古中坳陷低缓构造区。地貌以盆中深丘为主，地势北高南低，东西呈两面高中间低，海拔500~892米。七曲村所处区域坡大、长而较缓，坡度一般在25°~35°，山坡上分布有很多级小台地，山脊秀峻，间有阔缓台地。七曲村的坡向基本无北坡，有少量南坡，整体以半阴坡、半阳坡为主。居民主要居住在山坡台地，田地分布在坡度25°以下的区域。

七曲村属亚热带湿润季风气候，因北有秦岭为屏障，受南来海洋性暖温气流影响，降水较足，气候温和，日照充沛，四季分明，年平均气温16.5℃，无霜期264天，降水902.4毫米。水热条件适度，有利于森林植物的生长发育。冬有积雪，最大积雪厚度达20厘米。

潼江属涪江水系，从七曲山下西侧环绕而过，为梓潼县第一大河，涪江一级支流。七曲村内由于地质影响不易蓄水，村内多设蓄水池、沟渠、塘堰、水库等。

七曲村地处七曲山，万株古柏沿金牛古蜀道种植，纵穿七曲村西侧，称为“翠云廊”。地貌以盆中深丘为主，村中大部分为林地，占总用地的72%，主要为柏树、连树、马尾松、桤木、麻栎、化香等，伴有呈簇状生长的竹林，林内环境幽静、静谧阴凉。七曲村有耕地996亩，果林220亩，主产水稻、玉米、小麦、红薯、油菜等传统农作物及柑橘、柚子、枇杷、梨等水果。各个村小组沿山势散落在山腰与山谷中，耕地沿山坡层层而下，形成人文梯田景观。村内有两个水库，分别位于五组、十组，景色秀丽、恬静怡人。

人口 2020年，全村户籍人口1208人，常住人口845人。主要民族为汉族，占总人口的99%，位于环七曲山脉坡地和谷地内，布局特征大分散小组团。村内大姓以邓、毛、赵、高、李为主。

经济民生 七曲村地处低中山区，景观大道（原108国道，该道路现改为景区内部道路，景区设立南北门封闭式管理）从西侧南北纵向穿村而过，通往梓潼、广元，连通通往七曲村各个社的道路。村内主干道均已硬化，道路宽4米。村庄内部次干道以水泥路和土路为主，宽3~4米。公共交通主要依靠景区内运行的观光摆渡车辆，站点位于大庙附近，村域范围内现有3处停车场，均属于景区，分别位于水观音、环山路、土地垭。

七曲村给水管网已经与城镇用水连通，由城市自来水厂供给村民自来水；建有提灌站、灌溉水渠，保证农田灌溉用水。人口相对集中的1~3社安置区已实现宽带、电视信号、天然气全覆盖，并建有污水处理设施。

七曲村村集体年收入7万元，以土地流转为主。七曲村村民整体以小农经营为主，青壮年大部分外出打工，村内老龄化较为严重。主要产业为传统农业及旅游业。农业主要包括玉米、小麦、红薯、油菜等传统农作物种植业，以及丹参及桔梗为主的中药材种植业。林业主要包括核桃、枇杷、柚子、柑橘等，养殖业主要包括猪、鸡、鱼等。旅游业主要为七曲山风景区带动的旅游业，包括在七曲山风景区务工，及在大庙入口区进行小商品零售。村民人均年收入约为8000元。

▶ 旅游名胜

七曲山大庙 是禄神文昌帝君祖庭、文昌文化的发祥地，故又称“帝乡”。位于梓潼县翠云廊路2号（属七曲村境），为国家AAAA级旅游景区。现存元、明、清三个时代古建筑23处，建筑面积8000平方米，占地面积3万平方米，保护区面积51万平方米，由官式和民间相结合的手法建成，被著名建筑学家梁思成称为蜀道古建筑博物馆。1996年，被列为第四批全国重点文物保护单位。

七曲山大庙仿王府格局营造，外有宫墙拱卫，内有殿堂和宫苑。其中：盘陀殿为元代建筑；天尊殿、桂香殿、风洞楼、白特殿、家庆堂、启圣宫、关帝庙、望水亭、观象台、晋柏石栏等10处皆为明代建筑；百尺楼、文昌正殿亦为明代建筑，清代毁于野火后又重建。其余皆为清代和民国建筑。

七曲山大庙古建筑以百尺楼、正殿、桂香殿为中轴线，其余建筑由此向左右延伸。由于受地形的限制，故不十分对称。主要建筑包括百尺楼、正殿、桂香殿、盘陀殿等。大庙正门内是明代被誉为“西蜀名楼”的百尺楼，又名忠孝楼，清代重修后，楼共3层，高100尺，由46根擎天大柱凌空支撑。百尺楼二楼正中塑有一魁星像，高4米余，面目狰狞，赤身临空，手持朱笔，独占鳌头，旧时文人赴考路经过此地必拜此神。楼后为全庙的核心部位——文昌正殿，是供奉文昌帝君的主殿，殿内现陈列铁铸造像9躯。文昌帝君像居正中高台，高47米，庄严肃穆。两旁侍从按官位排列成人字形，其中两侧童子造像十分生动，瞪眼突眉锁、张口结舌的表情，被称为“天聋”“地哑”之神，据说这种神像为文昌帝君所独有。殿前左右为钟楼、鼓楼。文昌殿后为桂香殿，因殿前有4株古老的丹桂而得名。殿内陈设有铁铸文昌坐像1躯，高4米，侍从神两躯，高2.5米。殿堂两侧有文昌传说故事的壁画，为清代所绘，还有乾隆年间刊

七曲山大庙古建筑群（梓潼县摄影协会 / 供图）

七曲山大庙（杨茂林 / 摄）

刻的《文昌帝君阴骘文》。盘陀殿因殿内有一大顽石而得名，相传为文昌帝君张亚子修身得道之地，殿内塑有张亚子手持书卷坐像一躯。

七曲山大庙较完整地展现了由元代到清代各个时期的建筑风格，是研究古代建筑史的重要实例。2020年，七曲山大庙风景区接待游客130万人次，旅游直接收入超过8000万元。

水观音风景区 地处七曲山南麓，下临潼江，是七曲山第二大景区。因其古蜀道遗址、三国遗址众多而备受游客青睐。景区主要景点有五丁祠、剑泉、甘露亭、送险亭、瓦口关、古蜀道遗址等。

水观音景区（杨茂林 / 摄）

五丁祠。祠里供奉金、木、水、火、土五将军（即五丁）。传说秦惠王欲伐蜀，设赠送屙金牛和五名美女的计策让蜀王自己修路。贪财好色的蜀王派五丁力士率领筑路大军逢山开路，遇水搭桥，凿开秦岭，架起栈道，迎接金牛和美女。接到这个地方时，梓潼亚子树神不忍见蜀国灭亡，变化成巨蟒，阻塞了驿道。五丁拔剑猛砍，不能砍伤蟒的坚甲。大伙将剑共掷一处，齐心去拔蟒尾。刹时乌云四合，电闪雷鸣，发生强烈地震，强大的泥石流随着山洪滑下，埋葬了力士和美女，金牛被吓得沿着驿道狂奔，跑了四十多里，在一个驿站旁僵卧于地化为石牛。

剑泉、甘露亭。甘露亭原建于清道光年间，现为一楼一底的仿古建筑，建筑面积约200平方米。一楼为横跨古蜀道的过殿楼，山墙石壁有一小洞，终年泉水不断，下有一石井，井中泉水清澈见底。井旁一石莲台，上有石刻水观音一尊。相传泉井是“五丁开山”时五丁遗剑之处，又叫“剑泉”。井中清泉甘冽爽口，喝后可解长途跋涉的疲乏，身爽心舒。清代的甘露亭坐东向西，修造工匠精心考究，在西面最适合的地方，安上了雕花窗楼，每当夕阳衔山，余晖通过窗棂射入泉中，清泉微漾，似金剑在泉中闪光，蔚为奇观，这便是清代有名的“梓潼八景”之一——剑泉晚照。由于甘露亭上下均有观音菩萨像，而中层和下层都有甘泉，于是后人便称此地为水观音。

古蜀道遗迹（杨茂林 / 摄）

古蜀道遗迹。在水观音景区内，呈南北走向，距潼江河面200米，南北长1200米、宽2.86米，占地面积3432平方米。遗址路面用长约0.45米、宽

0.35米、厚0.1米的青石板铺设，道边有古柏上百株，最大树围3.21米，树高30米左右。该遗址为“金牛蜀道”的一段，为战国以后出川入陕的必经之道。

送险亭。位于水观音景区北侧，为单檐六角亭。南北长30米、东西宽15.5米，占地面积460平方米。此处建亭，为“千里蜀道之险，由此而尽”之意，即自陕入蜀，“难于上青天”的蜀中险道已经走完。于送险亭远眺西北，可见苍莽高悬的龙门、剑山群峰；近观东南，则又是野旷遥开的梓潼平坝和潼川浅丘。送险亭始建于唐代安史之乱被平定后（757年），明代被毁。清咸丰七年（1857年）由梓潼知县张香海主持重建，20世纪60年代被毁。1988年，梓潼县人民政府按原样恢复了这标志着蜀道“坡去平来（由北到南）”终结点的古遗址。

瓦口关。位于古蜀道遗址北侧20米，是“千里蜀道”出川的第一道关隘。传说三国时期蜀汉名将张飞镇守巴西时，从阆中去成都经此，见这里关隘险绝，不禁想起了大败张郃的情景，于是对左右赞道：“这地方多像咱老子当年饮酒醉骂张郃的瓦口关啊。”瓦口关因此得名。古瓦口关为二重檐独门石坊，建于清代，毁于20世纪60年代。现瓦口关于1986年重建，耸立在古蜀道必经险要之处，城墙上带雉垛，叠加重檐翘角的楼台。关门为拱形，门洞上方镌“瓦口关”三字，左右有

瓦口关（杨茂林/摄）

联："但使瓦口飞将在，不叫阿瞒渡西川。"关上建有桓侯庙，彩塑张飞像，再现了当年"猛张飞""豹头环眼，燕含虎须"的威武神态。关楼之下的右侧内殿，塑有刘备、关羽、张飞坐像，左侧内殿，塑有蜀汉丞相诸葛亮、梓潼郡太守霍峻、梓潼县令王连的塑像，恰如梓潼三国历史的"群英会"。

七曲山国家森林公园 该公园大部分位于七曲村境内，于1994年10月经林业部批准建立，是有"三百里程十万树"美称的蜀道翠云廊起点，也是国家剑门蜀道风景名胜区的重要组成部分。公园总面积2346公顷，拥有历代种植古柏2万余株，区内古柏森森，绿草茵茵，

七曲山国家森林公园古柏林（冷帆 / 摄）

环境幽静，古意盎然。

▶ 特色文化

洞经古乐　文昌洞经古乐起源于南宋乾道年间（1165—1173年）的七曲山大庙，因谈演《文昌大洞仙经》而得名，又称“檀炽钧音”。

文昌洞经古乐由文昌信仰而产生，它将宗教音乐、古典音乐、民间音乐、民族音乐熔于一炉，宣扬修身养性、陶冶情操，以匡正德行、纯洁世风。无论是表现欢迎还是悲伤、发愿还是劝告、谴责还是赞颂、祈愿还是庆祝，文昌洞经古乐都具有一种高洁、雅致、淳朴、敦厚的格调，充满教化的力量，引人向善的激情。2008年6月，文昌洞经古乐被列入国家级非物质文化遗产名录。

洞经古乐表演（何发培/摄）

文昌出巡（梓潼县摄影协会 / 供图）

文昌出巡　文昌帝君和他的圣父、圣母供奉在七曲山大庙。为了表示对文昌的崇奉，每年春节正月十二从城北七曲山大庙恭请文昌及圣父、圣母巡幸入城，与民同乐，共度新春。这是梓潼地区春节的一项重要民俗活动。据明代进士、邑人何光裕明嘉靖二十八年（1549年）所作《文昌行祠碑记》，文昌出巡之民俗应始于明嘉靖五年之前。

文昌出巡的主要程序分扫荡、迎文昌、祭文昌、送文昌四个阶段。

文昌出巡民俗活动场面宏大，参与人员众多，反映出漫长农耕文化形成的生活习俗和宗教信仰。其中的音乐、舞蹈和文昌大轿、锡制仪仗鸾驾、木雕神像的制作等更是劳动人民智慧的历史结晶，具有很高的艺术价值。2007年，文昌出巡被列入首批省级非物质文化遗产保护名录。

文昌祭祀　文昌祭祀源于梓潼氏人的祖先祭祀，是在文昌信仰的过程中逐渐产生的一种民俗文化活动。文昌帝君在由人到神的演进过程中，由于百姓的崇奉，道教的推崇，封建帝王的不断加封，其祭祀逐渐

七曲山大庙文昌帝君像（郭徽 / 摄）

呈现出一幅规模宏大、礼仪繁杂的壮丽画卷。特别是在清代，朝庭将其“升入中祀，添设舞佾”，纳入国家礼部祭典，使文昌祭祀进入鼎盛时期。

文昌祭祀包括道教祭祀、官方祭祀和民间祭祀三种形式，每种形式都有不同的程序和礼仪。道教祭祀有着较为复杂的祭祀科仪。其中，《广成仪制文昌正朝全集》影响最大。官方祭祀分春秋两季。春祭在文昌生日（每年二月三日）举行。春祭起源于明成化年间，后因文昌的地位不断提高，清代逐步纳入官祭。秋祭兴起于清乾隆年间。每年农历八月初一举行，相传为文昌成正果之日。秋祭仪式大致与春祭相同，增加秋祭无非是使文昌祭祀活动更为圆满，影响更大。相对于官方祭祀和道教祭祀，民间祭祀文昌的历史更久远，形式和内容也更为多样化。大庙每年的春秋庙会，就是集中展示民间祭祀的盛会。2006 年 9 月，文昌祭祀被列入绵阳市首批市级非物质文化遗产保护名录。

（姜　合　韩　玮）

文昌祭祀（梓潼县摄影协会 / 供图）

北川羌族自治县
青片乡上五村

▶ 基本村情

北川羌族自治县青片乡上五村在清代就已形成羌族人口聚落。村境内有小寨子沟国家级自然保护区，生态旅游资源十分丰富。村中保存着石碉房、吊脚楼等羌族传统民居，并传承着口弦音乐等富有羌族特色的传统文化项目。2013年8月，该村被列入第二批中国传统村落名录。

上五村西窝羌寨（青片乡上五村／供图）

位置境域 上五村位于北川羌族自治县青片乡西部，距乡政府驻地12.5千米，与茂县、松潘县接壤，处于三县交界区域。地理坐标北纬32°、东经103°92′。东与茶湾村相邻，西接阿坝藏族羌族自治州茂县，南连正河村，北临阿坝藏族羌族自治州松潘县。辖区面积153.6平方千米。2020年，全村辖7个村民小组。

历史沿革 上五村是由古上五簇演变而来。上五村原有上西窝、庄房、磨子沟茅坡寨房、大寨、小寨五个羌族部落，位于青片河上游，因此称“上五”。据清乾隆《石泉县志》记载，青片河中上游地区的羌族被统称为青片番，青片番分为上五簇、中五簇和下五簇三个聚落，其范围包括今青片、白什、马槽三个乡所辖境域。所谓“簇”，就是羌民聚居的群落，后来道光《石泉县志》改写作“族”。上五簇在今青片乡上五村，是清代初年还处于原始部落状态的羌寨。康熙二年（1663年），松潘总兵何德成发兵征伐今马槽、白什一带的下五簇。当其攻占下五簇羌寨后，上五簇归顺。此后，上五簇开始接受土司管理，上五簇这个名称也就一直沿用下来。1935年，废止土司制度，上五簇划归茂县地方政府管辖，始设置行政村，名为上五村。1951年12月，上五村划归北川县，其名称一直未再改变。

选址与格局 上五村共有庄房组、西窝组、石龙组、大寨组、小寨组、上五组、青春组7个村民小组。按照地理空间，可以分为两个相对独立的区域。庄房组、西窝组、石龙组位于石龙沟以上区域，集中居住位于一块河坝区域，这三个组又统称为西窝羌寨。“西窝”二字，羌语之意为神奇、梦幻。西窝羌寨，村落层峦叠翠，树木葱郁，溪流淙淙，山水环抱，空间结构布局以自然山水环境为基础，羌寨坐落在三山相依的台地上，风水建筑布局与自然山水的三维空间结构浑然一体，构成了特色鲜明的传统山居风貌，充分体现了当地羌民与自然环境互为依存的密切关系。大寨组、小寨组、上五组、青春组位于石龙沟以下区域，沿上五村主沟、小寨子沟两侧分布，这四个组的人口主要为大寨子遗址搬迁下山的村民，称为大寨区域。

自然环境与资源 上五村属北亚热带湿润季风气候类型，气候温暖、雨量充沛，年平均气温在7.2℃~11.2℃之间，最高气温25℃左右，最低气温-15℃，霜期从10月到翌年4月。上五村内河流属长江水系，上五河源于青片乡插旗山，沿途有凌冰沟、瓦西沟、小寨子沟和上五河正沟等10余条溪流汇入主沟上五河，注入青片河，最终流向通口河至江油市汇入涪江。充沛的降水和强大的涵养水源能力，有助于保持水土效能，为当地及其周围提供了生态屏障和丰富的洁净水源。上五村拥有谷狭、山峻、林美、水秀的自然风光，气候四季分明，呈现出春观杜鹃、夏能避暑、秋赏红叶、冬可看雪的自然资源特征，生态环境优越。

人口 2020年，上五村有村民225户、672人，其中劳动力人口428人，姓氏以王、梁、乔、应、郁、何为主。青片河上源接近茂县，上五村的羌民大多是从茂县迁徙而来，散布在上五村各个寨子。

经济民生 2020年，全村实现生产总值600万元，其中农业总产值50万元，服务业总产值550万元。农村居民人均可支配收入8600元。村道15千米。文化团队2个，各级传承人12人，传承项目包括口弦、沙朗、打岔、羌戈大战、羌族民歌、释比、羌绣7项。上五村是“中国少数民族特色村寨”“中国传统村落”，有48家农家乐，其中星级农家乐7家，有小寨子沟鸿煜漂流、上五旅游经营公司，举办小寨沟沙朗及彩林节等大型旅游民俗活动5次，2020年接待游客15万人次，旅游收入500余万元，带动就业300余人。

▶ 传统建筑

大寨子碉房遗存（青片乡上五村 / 供图）

大寨子碉房 石碉房是羌族的传统民居。大寨子位于上五村村委会北侧。“大寨子”里所有的房屋均为石碉房，分布面积约33万平方米，遗址面积数千平方米，现存石碉房都是平面呈四方形结构，依山就势而建，全部采用当地片石堆砌而成。碉房的占地面积不等，介于60~300平方米之间，因地制宜。墙体厚度在60~85厘来之间，墙的内侧与地面垂直，外侧则向内倾斜。每间碉房内墙上每隔2米左右，可见几个圆形的洞，用于安放木梁，在上面钉上木板，使墙与楼板形成整体，楼板、木梁对墙体有支撑作用。普通碉房往往高达十几米，历经时代变迁和地震灾害，大多不复完整，但遗址结构仍然坚固稳定。碉房以三层为主，也有五层的。第一层养牲畜，第二层住人，第三层堆杂物。与其他羌族聚居区不同的是，上五村“大寨子”内均是“碉房”而非“碉楼”，大寨子遗址中现存石碉房均是平面呈四方形结构，建于半山，主要功能是供人居住，与汶川、茂县一带的具备军事属性的多角形碉楼有明显区别。由于当地过去经常闹土匪，村民在建房时窗户开得较小，兼具一定的防御作用。现存的大寨子石碉房有遗存64处，并有2处保留完好的祭祀塔。

吊脚楼 上五村山高坡陡，除了沿河台地，很难找到大块平地。为了利用有限的地基修建面积尽量大一些的房屋，往往靠山一方修成一楼一底，而将外侧一间房屋的木柱立在低于屋基两三米的山坡上，这样就可向外延伸出一间房屋，老远看去，柱子下垂，因而被称为吊脚楼。吊脚楼的最下一层，多用石头砌成一米多高的石墙来圈养牲畜，与屋基齐平的二楼铺上木板住人，三楼则堆放杂物。羌民族多生活在高寒地带，住宅中一般都设有火塘，用来烤火取暖；火塘上放置二三十千克重的铁三脚架，或者悬吊用竹筒和木钩制作、可以上下滑动的“管家婆”，用来置挂鼎锅或茶壶，供炊食和烧水之用。羌族人在放弃碉房改建木屋时，仍然保持了对石头的偏爱，住房的保坎、隔墙往往仍用石头砌成。羌族人素来爱在房前屋后栽竹植树，木质吊脚楼掩映在绿树翠竹丛中，与周围大山和谐相融，于质朴中极具民族风情。

▶ 特色文化

口弦音乐 口弦产生并流传于北川羌族自治县青片乡，是北川羌民族在长期生产劳动、劳作歇息时发明的一种民间乐器。口弦也是羌族青年男女自由恋爱的媒介，未婚小伙子做一个好口弦送给女方，作为爱情的信物。口弦长约11厘米，厚约0.15厘米，从中分为一头宽约

羌族老人吹口弦（黄家明 / 摄）

1.3厘米，另一头宽约0.8厘米，呈酒瓶形状的小竹块，中间雕刻长约8厘米的簧片。两头各凿一小孔，前孔（小头处）穿麻线，以左手无名指、小指挽之，拇、食二指捏穿孔处，横侧贴腮靠近微微张开嘴唇间，以气鼓簧片。后孔（大头出）用近30厘米的麻线穿之，以右手食、中二指挽线牵动之，鼓顿有度，其簧闪颤成声。音阶和旋律的改变，凭演奏者扯动麻线的力度和舌头触及簧片的位置以及口形大小、口中气流的强弱而定。2010年，口弦音乐被列为国家级非物质文化遗产。

吹羌笛的羌族青年（杨松林 / 摄）

羌笛　羌族的民间乐器中，羌笛虽然称为“笛”，却是双管，竖吹，不同于常见的横笛。羌笛用高山特产的油竹制成，长约五六寸，粗如小指，方筷形，两管并列，以丝线缠紧，管头各插一片竹簧，用以发音。羌笛不仅构造特别，其演奏方法也与众不同。演奏者使用“鼓腮换气法”，吹气时自然会发出声音，吸气时则利用压缩腮部储存的空气继续吹奏，因而可连续演奏而笛声不会中断。

打岔　打岔与传统的快板、说唱演出以及四川的即兴评书类似。打岔的题材十分广泛，“见啥说啥”，生产生活、物候节令、历史人物、传说掌故等都可以成为打岔的内容。打岔唱词一般为七言一句，每句末字押韵，通俗诙谐、朗朗上口。打岔于2006年9月被列入绵阳市第一批市级非物质文化遗产名录。上五村西窝组打岔非遗传承人梁元斌创新打岔表现内容和形式，将党的方针政策、禹羌文化、身边人身边事等素材编排到打岔表演当中，受到群众欢迎。

羊皮鼓表演（黄家明 / 摄）

羊皮鼓 于铁环上蒙羊皮而成，形如团扇，下置一柄，缀以铁环或小铜镲，用藤条敲击鼓面并震动铁环作响。鼓柄端和藤条上一般系有红缨以示美观。旧时系端公用于祭祀、跳神等迷信活动的道具，20世纪80年代后发展成为群众性的娱乐工具。演奏者左手持鼓，右手拿鼓鞭，或打鼓心，或敲鼓边，边敲边舞，鼓点变化丰富，舞蹈粗犷，技巧复杂。表演者两至数人不等。

推杆 也叫撑杆。重大节日和工间休息多有比赛，在院坝或平坦的草地上均可进行。取一根1~4米长的木杆或竹竿，守方一人，双手紧攥木杆一端蹲下；攻方一人至多人，手持木杆的另一端，用力往前推撑，推撑不倒，可再添人，直到把守方推倒为止。防守者战胜攻方人数越多，越感到荣耀。

推杆比赛（北川县地方志办公室 / 供图）

抱蛋　节日期间，于寨中选一平地，拣几个圆形的白石头当作蛋，自荐或推举一名男青年，四肢伏地，将白石放于腹下，作孵蛋状，另外数名小伙子则围攻偷抢。抱蛋者警惕注视四方，蹦跳旋转护蛋，用脚踢偷蛋人，踢中即为胜，换由被踢中者再抱蛋。若蛋被偷完也未踢着一个人，抱蛋人为输，续作抱蛋人，直到参与者尽兴为止。

▶ 旅游名胜

上五村拥有多姿多彩的生态景观，绮丽迷人的曲溪梯瀑、奇趣怪异的森林植物、野趣盎然的鸟鸣猴跃、雄峻奇特的峰石景观、变化万千的气象景观，古树名木和珍奇花卉与区内自然环境贴切和谐，景色四季各异，形成了“春看杜鹃夏看水，秋看红叶冬看雪”景观特点。

小寨子沟国家级自然保护区 小寨子沟自然保护区位于上五村北侧，保护区面积0.67万公顷，1979年公布其为省级自然保护区，2011年其晋升为国家级自然保护区。小寨子沟山高坡陡，沟谷狭窄，自然垂直落差大，相对高差超过2473米，西部最高处海拔4073米，东部最低处海拔1600米，区内地貌变化大，植被垂直带完整，原生生态保持完好。景区内有熊猫、金丝猴、羚羊等国家一、二级保护动物51种，被林业专家誉为罕见的物种基因库。小寨子沟是一个完整的小流域，地势西北高，东面低，众多溪流瀑布飞泻而下，汇成主沟，注入青片河。溪水将山体切割成无数的幽深峡谷，高低大小各异的山梁纵横交错，千姿百态。小寨子沟不仅具有生态研究价值，而且极具观赏价值。沟内春天鲜花盛开，夏日满目葱茏，秋季红叶满山，寒冬白雪皑皑，一年四季皆有绝景。

西窝羌寨 西窝羌寨自然资源丰富，从石龙沟到和尚头20千米内有自然景点30余处；野生药材种类众多，常用中草药材计250余种，名贵

西窝羌寨秋色（杨松林/摄）

中草药材60余种。西窝羌寨富有浓厚的民族特色，羌民信仰仍处于原始阶段，信仰天神、太阳神、山神、牛神、马神、树神、桥神、家神等。每个寨中都建有三五个俗称碉堡的祭塔，塔顶供有三五个象征神的白石，供羌人祭祀天神。羌历年、转山会、大禹诞辰祭祀活动、瓦尔俄足民间文化活动等传统节庆，乐器（羌笛、口弦、唢呐、羊皮鼓、锣）、舞蹈（沙朗、羌戏、羌族锅庄，端公舞），羌族传统体育（打靶、掉跤、爬天杆、机棍子、秋千、推杆等）、释比法事、祭祀、白石崇拜，婚俗、生活禁忌，羌绣、羌族传统饮食、羌族服饰等羌族风俗和传统保存完好。

神龙瀑布　神龙瀑布位于上五村村委会附近，因瀑布状如一条白色游龙飞泻于山涧而得名。神龙瀑布发源于心肺岩山上多个小型瀑布以及海子，水量常年稳定，丰水期尤为壮观。沿瀑布所在山体侧后方山路抵至近处，仰望瀑布，瀑水自山崖奔突而出，水沫四溅，轰鸣阵阵，同时形成数米高的水雾，蔚为大观。瀑布底块石堆积，水流分散，并未形成深潭，漫流落入谷底。上五村水源丰沛，除神龙瀑布外，还有仙女瀑布、彩虹瀑布、三叠瀑布等多个形态各异的瀑布，颇具观赏价值。

神龙瀑布（北川县地方志办公室 / 供图）

夫妻神树（北川县地方志办公室 / 供图）

夫妻神树　位于西窝羌寨寨口。本来分别为一株核桃树和一株白杨树，因两树生根距离很近，随着时间推移，两树的树干渐渐长在一起，形似夫妻共生，因此被称为夫妻树。该树树龄长达1200多年，主干胸径2米多，树干在距离地面9米处分为两枝，树冠覆盖面积达千余平方米。树根隆起，远伸至200米外。村民奉为神祇。

▶ 风土民情

转山会　转山会是羌族人延续了几千年的盛大民俗文化活动，于每年夏季举行。转山会又称祭山会、塔子会或者碉堡会，是羌民族祭祀天神、山神、羊神，祈求人畜兴旺、五谷丰登、地方太平、森林茂盛的大典。祭祀期间，已婚妇女不参加，参加祭祀的人均带上酒、肉、馍赴会。会首由当地住户轮流担任。届时，会首备好一只白公羊、一只红公鸡、一坛咂酒、三斤猪肉、一斗青稞、十三斤面做的大馍和香蜡、爆竹、纸钱等，按规矩摆好，由端公主持祭祀，祈求天神和山神保佑全寨人寿年丰，并将山羊宰杀后煮熟，连同其他食品分配给各户，称“散分子”。最后全体参加祭祀者席地而坐，品尝各自的祭祀食品。

转山会祭祀活动（北川县地方志办公室 / 供图）

沙朗节 沙朗又写作莎朗、萨朗，出自羌语，意即又歌又舞，是羌族人民在喜庆日子里表演的一种自娱性的歌舞形式，是最为流行的舞蹈形式。每逢佳节良辰，劳作之余，乃至平常聚会，男女老少都要围聚表演，自娱自乐。动作较为单一，模拟化。由一名善舞者领头，男女各列一行，或者手拉手围成圆圈，边舞边唱。上身稍前倾，勾脚送胯，下肢动作灵活多样，双臂则仅仅是前后摆动而已。所配的歌曲多是口头流传的古老民歌，用羌语演唱。旧时均自唱自跳，前一组唱一句，后一组重复一句，如此循环反复，也可将几支舞曲串在一起唱，现在一般都用现成的沙朗舞曲伴奏。2009年，北川羌族沙朗被列入四川省第二批非物质文化遗产名录，上五村的苏成秀是该非遗项目的代表性传承人之一。

从2015年起，上五村每年的11月初都要举办沙朗节。11月是羌族群众庆祝一年丰收、欢度羌历年的时候，每逢此时上五村村民都要欢聚一起跳舞、唱歌，融合感情。随着乡村旅游的发展，上五村跳沙朗活动吸引了众多游客参与，逐渐形成富有当地民俗特色的旅游节庆活动。上五村沙朗节主要有祭祀、跳沙朗、非遗展演、羌民俗及传统体育活动体验、羌乡美食节、篝火晚会等内容。2019年，上五村举办的第三届小寨子沟沙朗节还同步举办了彩林节，组织游客赏羌山彩林。绚丽多姿的民俗活动和山村秋景令游客们流连忘返。

（谢雁萍）

上五沙朗节（杨松林 / 摄）

北川羌族自治县
马槽乡黑水村

▶ 基本村情

北川羌族自治县马槽乡黑水村地处海拔1500米左右的高山地区，自然风光壮美迷人，原生态生活气息浓厚，有“云朵上的羌寨”的美称。黑水村也是“中国少数民族特色村寨”之一，村中保留有大量独具羌族特色的传统木石构造民居，传承着历史悠久的羌族传统民俗文化。2013年8月，该村被列入第二批中国传统村落名录。

黑水羌寨（蔡凯/摄）

位置境域 黑水村位于马槽乡西南面，距乡政府驻地8千米。地理坐标为北纬31°09′、东经104°01′，与马槽社区、木坪村、坪地村、苦山村、黑亭村、花桥村、明头村相邻。村域面积42平方千米。

历史沿革 黑水为旧名，溯源无据。据清朝乾隆版《石泉县志》记载，清康熙二年（1663年），松潘总兵何德成攻下青片河下五簇之前，青片河流域属于中央政府还没有派驻相应机构与人员进行管辖之地。下五簇羌寨归顺清朝后，黑水村被划归茂州陇木土司管理，开始了近200年的土司制度。至1935年4月，中国工农红军长征途经北川时，建立了苏维埃政权，结束了土司制度。1939年，短暂的保甲制度之后，1940年3月1日，联保改为乡镇，黑水由若干自然村组成行政村，黑水村自此成为建制地名。1951年12月12日，黑水村随白什乡和马槽乡一并由茂县划归北川管辖，一度还经历了3个月短暂的黑水乡建制，最终恢复为行政村。在人民公社体制时期，黑水村改为红卫大队，至今，仍然有很多老年人习惯称其为红卫。1984年1月，马槽公社改为马槽羌族乡，红卫大队恢复为黑水村。

选址与格局 黑水村地处高山峡谷地带，传统民居选址主要集中在峡谷地势较高的地方。耕种是当地人主要的传统生产方式，各家各户的耕地分布在村落各处缓坡之上，村落后部的阴山上也有少量耕地。民居一般临近耕地、牧场和水源，有利于日常生活及农耕、畜牧生产。犀角坝羌寨是主要的村民聚居地。这里面朝黑水沟，背靠余家山，是一个由河流冲积而成的谷底台地。民居多建在阳山一面（阳山即高山河谷之中坐落于面向东方或南方的河岸一侧的山面，相对阴山的日照更为充分，气候更加温暖宜居），整体朝向为坐北朝南。20世纪40年代，五户村民集中建房于犀角坝，形成唐家院子。至60年代，户数增加至13户，形成蒋家院子。此后，犀角坝优越的地理条件吸引更多的村民在此修建房屋。80年代前后，村委会集体用房也建在此地。至90年代，已形成唐家院子、杨家坪、梁子上、蒋家院子四处民居聚落，统称为犀角坝羌寨。此后仍有村民陆续搬迁至犀角坝羌寨建房居住，到2020年犀角坝羌寨共有民居建筑32处。这些民居建筑背山面水临田，与自然山水相融。

自然资源环境 黑水村地处四川盆地西北部向藏东高原过渡的高山峡谷地带的龙门山脉中部，山地岩层结构，海拔在950米~3860米之间。典型的高山缺谷地形。辖区内有余家山和阴山两座山。土地类型以坡地为主，耕地面积1080亩，林地面积3.44万亩。涪江支流青片河中游的支流黑水沟自东向西穿境而过。黑水村四季分明，雨量充沛，年平均气温15.6℃，年平均无霜期在125～128天，年平均降水量1399.11毫米，平均日照931.1～1111.5小时。黑水村物产丰富，种类多样，植被呈带状分布。自下而上依次分布常绿落叶阔叶林带，针、阔叶林混交带，针叶林带，高山草甸带，形成不同层次植被景观，林相色彩丰富、对比鲜明。动植物种类繁多。由于生态系统较为完整，动物和植物南北渗透性和过渡性明显，国家保护的珍稀树种20多种，大熊猫等国家重点保护动物50余种。种植玉米、洋芋、大豆、荞麦等农作物，套种药材以及经济林木，形成类似梯田的旱地农业特色景观。药材种植种类主要有重楼、杜仲、大黄、黄连、独活、当归、木香等。中药材，也是黑水村村民的主要经济来源之一。

人口 2020年，全村有136户、545人，其中劳动力人口362人。下辖6个村民小组，主要民族为羌族。早期居住的主要以蔡、王、慕三大姓为主，后经婚姻等人口迁入，有蹇、王、唐、蒋、杨、李等39个姓氏。

经济民生 2020年，全村实现生产总值1376.14万元，其中蜂蜜销售收入30万元，农林牧1296.14万元，服务业总产值50万元。农村居民人均可支配收入19373元。村道5.5千米，组道11千米。蜂蜜合作社1个，农家乐1个，文化团队1个。

▶ 传统建筑

吊脚楼 羌寨吊脚楼是黑水村的传统民居建筑。黑水村羌寨位于阳坡，坐北朝南，吊脚楼依山就势，垂直于等高线建造，建筑朝向为坐东向西或坐西向东。正屋建在实地上，厢房除一边靠在实地和正房相连外，其余三边皆悬空，靠柱子支撑。吊脚楼有很多好处，既通风又干燥，又能防毒蛇、野兽，楼板下还可以放杂物。悬空屋顶形式突出体现了羌汉多元文化的融合，其采用四川传统民居的屋顶形式——悬山顶，盖小青瓦，同时为确保吊脚楼建筑外廊具有防雨等功能，又融入了歇山式屋顶的形式，另外，吊脚楼的墙体也体现羌汉民族的文化融合。羌族人自古就擅长“垒石为室”，石砌碉楼就是羌族建筑的代表，而黑水羌寨

黑水村的吊脚楼与碉楼（蔡镇天 / 摄）

黑水村传统吊脚楼民居（马槽乡黑水村 / 供图）

的吊脚楼以石砌为基础，结合干栏式、穿斗式结构，更加适应山区环境及文化多元化的发展。吊脚楼的用料不同于纯粹的木制吊脚楼，竹竿穿插为一体，粗壮的木干成为门窗石雕的柱架支撑，镇妖辟邪的泰山石敢当石柱顶部悬挂着威武严峻的神明，一石一木尽显羌族特色。老墙体的门窗与墙裙大多用长短不一的木头装饰，并因地制宜采用抽象手法表现当地动植物。羌寨的吊脚楼结合石材的牢固与木材的舒适，并采用竹竿拼成简单的图案，优雅的“丝檐”和宽绰的走栏使吊脚楼自成一格。

黑水村的吊脚楼多为两层（不计吊脚空间），建筑体量不大，但功能齐备且居住人口较多。一户标准的三开间民居适当改造后就可以容纳5~7人居住生活。建筑首层为主要使用空间，标准的民居开间为三开间（有的为四开间），一般中部明间作堂屋，靠近山体一侧梢间设火塘与厨房等，而临河一侧为卧室，卧室进深为3间，有的通过卧室穿套处理可做到更多。建筑二层为阁楼层，用于储藏，一楼与二楼之间没有楼梯，人要进入，需要通过可移动的木梯进入。除此之外，吊脚楼还拥有临河一侧的吊脚层，用以饲养牲畜、堆放杂物以及布置厕所，属于辅助用房部分：吊脚层与上层建筑无法通过室内楼梯连接，需通过室外阶梯或院坝进入室内。

黑水羌寨民居中的“火塘”是羌族民众生活中的重要设施。火塘的建造不复杂，在地上挖一个洞，再用石头挡砌成一个长方形的坑，用来放柴火，火就生在坑中。羌族本身就崇拜火，认为火是天庭“偷”来的，不仅不能把它熄灭，而且还把它神化，成了供奉的对象。据说火塘里住着火神，不准人从上面跨过。火便是神圣的，它点燃羌族一代代的梦想。“劳作在田野中，生活在火塘中”，火塘承载着羌族人饮食起居、休息聚会的大部分功能。黑水羌寨民居的火塘与其他羌寨民居有所不同，不是位于房屋正中；顶上也不是用的木板铺盖，而是用的竹条，每根之间留有空格，以便于排烟、换气。

黑水村吊脚楼的细部处理较为精美，板楼的屋檐下部都保留着坐瓜和吊瓜（部分只保留了坐瓜），它们雕刻精美，甚至有的坐瓜或吊瓜在不同位置都有不同的雕刻。另外，许多翻修的建筑也极为重视建筑立面木纹理、花格窗框、门框、天花板的刻画。堡坎采用片石或大小不等的石块砌成，这种做法既利于底层的防潮和防腐，也是对羌族传统建筑风格的传承，使其与石砌墙体的结合显得刚柔并济，别具风彩。

▶ 特色文化

唢呐　黑水村唢呐是竹唢呐，以其清新、动听的音韵流传于民间。唢呐由北地传入巴蜀后，黑水人就地取材，用本地的竹子制作了唢呐。经过发展，竹唢呐制作工艺日臻精熟。竹唢呐由哨、天心、杆子和喇叭4个部分构成。哨由当地燕麦秆做成，杆子采用本地特产的罗汉竹制作，喇叭则由当地产的黄竹篾丝编织成形后，再刮灰涂上土漆，套于杆下端，可活动和装卸。黑水唢呐为6个孔，五音阶定音，其演奏形式多种多样、音韵传神。

黑水村唢呐（柯小杰/摄）

黑水村村民吹唢呐表演（马槽乡黑水村 / 供图）

跳沙朗（参见北川羌族自治县青片乡上五村“沙朗节”条目）

羌绣　北川羌绣技艺是羌族独特传统刺绣工艺，是羌族文化的重要组成部分，北川羌族传统刺绣工艺被列入四川省非物质文化遗产名录。明清时期，北川羌族的挑花刺绣业十分兴盛，羌族姑娘出嫁时，羌绣服饰是必备陪嫁品。北川羌族女性从十岁左右就开始接受严格羌绣训练，并代代相传，在农闲之时，从事纺线、织麻布、织毡子和挑花、刺绣。“一学剪，二学裁，三学挑花绣布鞋”，羌绣不打样，也不画线绘图，以五色丝线或锦线，凭技巧挑绣成具有民族风格、绚丽多彩的几何图案、自然纹样或花卉麟毛。图案种类与题材，大多反映羌族生活或自然景物，材料采用自织土布，布料材质厚重而粗犷，线粗而韧性强，耐洗涤，绣针普通，方便操作。北川羌绣针法朴实严谨，主要有挑绣、纳花绣、嵌花绣、链子扣、扎花、提花、拼花、勾花和手绣等。北川羌绣色彩运用大胆，对比强烈，明亮喜庆，多用于羌民日常服饰中的头帕、围腰、腰带、飘带、裹兜、裹腿、衣裤、鞋面、鞋垫等装饰部分。羌族男女服饰上的羌绣技艺具有鲜明的北川地域特点和民族风格。男子羌绣服

羌绣（马槽乡黑水村 / 供图）

饰基本色调为白色（麻布本色）、蔚蓝色和黑色。上身穿长衫，外套羊皮褂或棉夹褂，小腿裹用羊毛织成的毡子，或者用麻布、棉布制成的绑腿，腰间系由棉、麻或羊毛织成的腰带，长衫边襟、绑腿、腰带均以羌绣绣品点缀，随身携带吊刀、绣花裹兜或皮裹兜。女子羌绣服饰基本色调为蔚蓝色、水红色或深红色，头帕、围腰、飘带、衣领、衣襟、衣裙边、裤脚边由羌族绣品装饰，衣领镶银饰。

云云鞋　是羌族人在喜庆日子里穿的一种自制布鞋。鞋型貌似小船，鞋尖微翘，鞋底较厚，鞋帮上绣有彩色云纹和杜鹃花纹纹样图案，故有“云鞋”“花鞋”或“勾尖布鞋”之称，羌民在喜庆的日子里都喜欢穿它。“云云鞋”运用羌绣工艺密密麻麻的针脚，将棉线织绣于鞋身易磨损部位，增强其耐磨性能，不仅实用，还具有相当高的艺术观赏价值，体现出鲜明的羌族风情。

云云鞋（柯小杰 / 摄）

▶ 风土民情

建房礼仪 黑水村羌族人建房有着丰富的民俗礼仪活动。打屋场、选梁树，架马解料、排扇上梁，砍削凿刨……羌族吊脚楼的修建有烦琐的礼仪，从开工架马那一刻开始，一直伴随到吊脚楼搭建成功。吊脚楼的层顶是坡面，两坡相接处的梁木最神圣，将其请上屋脊的过程最精彩。“上梁”是羌族人为庆贺吊脚楼落成而举行的盛大欢庆仪式，按照习俗，主人选定“黄道吉日”，并逐一通知亲朋好友。“上梁”当天，亲朋从四面八方赶来参加仪式，或看热闹，或是帮忙出力。

梁木在屋脊上安好后，伴着一阵锣鼓鞭炮声，两个精明强干、能说会道的男子来到中场上梁，从搭在两边排扇的木梯而上，进一步说一段上梁词，因景发挥，你来我往，吉利、喜庆、祝福，是整个唱词的主旋律。“上梁”活动大体包括将柱子和木枋按穿斗连接的排扇、起扇，拜梁、开梁口、缠梁、上梁，赞梁木、奠酒、赞梁果、抛梁果等过程。其程序井然，形式活泼，说词风趣。吊脚楼落成入住之时，主家要请先生安香火，在正堂屋正上方的神龛上安“天地君亲师位”牌位。乔迁之日，还请亲朋好友道贺，并摆设酒席款待，谓之“襄火炉”，答谢左邻右舍为建房屋鼎力相助之情。

土法养蜂 黑水村的蜂场位于黑水村药厂沟。药厂沟海拔1200多米，地质环境良好，有原始森林万余亩，古木参天，山清水秀，空气纯净，药材遍地。蜜蜂主要采集黄连、大黄、重楼、木香等上百种药花，蜂农仍延续数百年的传统蜂桶养殖模式用老式木桶养蜂。每年春分时，蜜蜂陆续分蜂，蜂农将蜂桶背往药厂沟，在药厂沟守护蜂桶数月后，到了收蜜时节，手工取蜜，取下来的蜜由合作社集中消毒、过滤、包装、

黑水村土法养蜂蜂桶（马槽乡黑水村 / 供图）

装瓶、销售。黑水蜂蜜色泽呈深琥珀色，口感细腻不反酸，富含丰富的维生素、微量元素。

咂酒 咂酒是羌族人喜爱的一种低度酒，选用本地出产的小麦、大麦、玉米等五谷杂粮作为原料，由家庭手工酿造。制作方法与醪糟相似，先把洗净的原料装入笼中蒸熟，再摊在簸箕或晒席上自然散热；晾到微温时，拌上酒曲装入坛中，用麦草和泥封住坛口；放置几天后，酒香四溢，即可饮用。饮用咂酒时，用细竹管插入坛中吸吮，边喝边向坛中注水，至味淡后食渣，俗称这种食用方式“连渣带水，一醉二饱”。如果是节日庆典或宗教祭祀仪式上饮用咂酒，还要由寨中德高望重的长者或担任祭司的释比主持隆重的开坛仪式。主持人先用细竹管蘸些咂酒，敬天敬地敬神灵，或讲说四言八句合辙押韵的吉利话作为祝酒词，然后按年龄长幼、辈分高低依次吸吮。平辈们在一起，则可每人插一竹管，同时饮用。一边饮用一边唱酒歌，气氛热烈。咂酒在羌族各种礼俗中不可或缺，是一种具有礼仪规范的载体，其礼仪性功能超过咂酒作为饮品的实用功能。

血糕 血糕是羌族人喜爱的一种面点，主要用料是高山荞麦面。冬季杀猪时，取荞麦面粉2.5千克、玉米芽口面粉2.5千克，盛于干净木盆或瓷盆内，当杀猪匠刚把刀从猪身上抽出之际，即用面盆将喷涌而出的新鲜猪血接住，并边接边搅拌，令血与面粉和匀。后加入适量小麦精粉，放入适量猪肉颗粒、猪板油颗粒、姜葱粒、盐、胡椒粉、花椒粉、蒜苗段、五香粉（卤粉更佳），共调和成糊状，上蒸笼蒸熟即成。食用时，切上一大块，再改切作小薄片，在柴火上烤脆或在热锅里焙脆后，趁热吃。特点是酥、脆、香，营养丰富。

（谢雁萍）

平武县
虎牙藏族乡上游村

▶ 基本村情

平武县虎牙藏族乡上游村是第三批中国少数民族特色村寨。村落靠山傍水，生态环境良好，风景秀丽。村中保存着数量众多的藏式老寨房等传统民居，以斗牦牛舞为代表的多项非物质文化遗产传承至今，具有浓郁的藏族风情和独特的民俗风貌。2016年12月，该村被列入第四批中国传统村落名录。

上游村（门东富 / 摄）

位置境域　上游村地处涪江源头，紧邻雪宝顶国家级自然保护区，距离乡政府3千米，地理坐标为北纬32°31′、东经104°31′。上游村东临虎丰村，西接高山堡村，南与虎丰村接壤，北与占口村相连。村域面积24平方千米，辖5个农村社（组），呈散点状分布。村庄占地面积0.12万平方千米。

历史沿革　上游村得名于1958年"大跃进"期间，全国人民齐争上游，该地不愿落后，遂更名为上游，沿用至今。据清嘉庆版《四川通志》、《龙安府志》、《三凤堂薛氏宗谱》记载，三国时期，杜氏家族从今江油市与绵阳市交界处的青莲漫波渡迁至今虎牙果子坝小河与高山寨大河合流处，随后一段时期，王氏、董氏、安氏家族先后迁入，世代生息繁衍，形成"象鼻番"，后称"象鼻寨"，即今上游村境。明洪武十一年（1378年），上游村境直接受制于薛姓土司。洪武十四年（1381年），村境隶属置十三族长官司。清乾隆十五年（1750年），村境纳入龙安府境内受土知事管辖的木瓜番。1938年，村境隶属于象鼻番。1950年8月，村境隶属日新乡（含虎牙乡与泗耳乡）。1950年10月，村境隶属虎牙关部落6个小部落之一，小部落设头人。1968年10月，上游村隶属虎牙人民公社。1981年8月，上游村隶属虎牙藏族人民公社。1983年9月，上游村隶属虎牙藏族乡。

选址与格局　上游村四面环山，南面临水，间以山溪、森林、坡地，植被丰茂，人居环境宜人。村落分布距离可耕土地较近，便于农耕生产，同时有效躲避泥石流、滑坡、地震断裂带等自然灾害隐患。村落地处茶马古道必经之地，交通便利。在风水习俗上，虎牙藏族对房屋的走向特别看重，认为这是关系到家运与财运的大事。他们认为居所大门要正对山峰，只有这样才能使子孙众多，且前途光明。如果没有雄伟的山峰正对大门，也可以选择大门面向河流的方向，这样财富就会像河水一样不停的流到家里来。上游村正是按照这种习俗选址在了陡峭且植被茂密的"照面山"对面，房门也大多正对虎牙河。

上游村整体格局呈“一河、一路、四院落”的分布。“一河”即虎牙河，自西向东从村西侧蜿蜒而下，滋养孕育了这方土地。“一路”即通往上游村的通村路，蜿蜒在群山和峡谷之中，是上游村沟通外界的主要通道。“四院落”即杜氏、王氏、董氏、安氏四大家族迁徙聚居而修建形成的四大院落，分别为杜家院子、王家院子、董家院子、安家院子。四大院落整体分布呈现出小规模、有机散落式的特征，每一个寨子的人口规模200人左右，寨子相隔的间距较为合理，既能够保证每个寨子本身相对独立，不受资源冲突干扰，又能在彼此之间维持良好可达性的适宜距离。各个寨子与地形有机结合在一起，完全看不到对自然地形原有肌理的破坏和干扰，不仔细辨认几乎观察不到村落的存在。四大院落的空间布局，体现了当地村民敬畏自然，与自然相近、相亲、相融的关系。

自然环境与资源　上游村属于山地地貌，海拔1400～1750米。属于亚热带气候，年平均气温10℃～11℃，日均日照8小时，降水充沛，年降雨量1300毫米，无霜期约120天。村内有涪江支流——虎牙河，从西至东从村落穿过。上游村四面青山环抱，森林茂密，古树参天，珍稀动植物和矿产资源十分丰富。其中，森林约1826公顷，竹林约30公顷。森林覆盖率约为77%。属于国家一级保护的植物有红豆杉、珙桐、南方红豆

上游村土地梁云海风光（虎牙藏族乡/供图）

杉、水杉、银杏、独叶草。属于国家一级保护动物有大熊猫、金丝猴、云豹、牛羚、金雕、绿尾虹雉、斑尾榛鸡、雉鹑。有水晶、海兰宝、云母、锡石及大宗矿铁、猛、铝、锌等20余种矿石。

人口 2020年，全村户籍人口855人，常住人口556人。主要民族为藏族，人口数812人，占总人口的94.97%。现有主要姓氏有杜、王、董、安等四大姓氏。其中，杜氏家族是三国时期迁至村境定居；随后王氏、董氏、安氏辗转迁入村境，聚族而居。

经济民生 截至2020年，全村建成通社水泥路13千米，基本实现入院到户；建成蓄水池6口，铺设管道27千米，解决了村民饮水问题；全村电网改造全部完成；建成4G基站3个，实现光纤网络和手机通信网络全覆盖。建成村级民俗文化陈列室1个，文化院坝1处，组建成立民族文艺团队4个，进一步丰富村民的文化生活。

2015年以来，带领农户成立“天路”农业专业合作社，以55%的高标准农田为基础，采用“合作社+公司+农户”模式，实施现代化的农作物机播方式，建设产业示范基地2000余亩，高山蔬菜种植400余亩。以标准化、规范化、现代化、立体化建设示范片区抱团发展，主要种植经济价值较高并适合当地生长的青脆李、脆红李12万株。同时，依托高山特色水果蔬菜等重点产业，积极发展旅游产业、农家乐、农民合作社，带动小农户、贫困户等人群共同发展。2020年，上游村人均纯收入10425元，全村36户贫困户138人实现全面脱贫。

▶ 传统建筑

上游村早期传统建筑主要分为木棚式、木骡了、木板穿斗房和藏式老寨房。而后，木棚式房屋逐渐绝迹，藏式老寨房减少，木骡子和木板穿斗房较为常见。改革开放后，上游村村民收入逐渐提高，生活条件逐渐改善，开始出现砖木结构的现代民居，但依然保留了浓郁的藏式风格。房屋主要以木板穿斗房为主，建筑类型多样，工艺及传统民居式样独特丰富，藏族文化符号齐全，整体民俗面貌颇具特色。

藏式老寨房 上游村藏式老寨房属木石结构，厚重结实，经久耐用，从外观上看，颇像一个石砌的堡垒。老寨房的内部是穿斗架子的全木结构，所用木料都特别粗大。顶部多横放十到二十厘米大小带皮圆木，上面密铺木板椽子，椽子上覆以石板。房架的四周全用山石与泥砌成混泥墙，平整而美观。墙体的厚度可达一米。整座墙体平直规范，砌石乱中有序，棱角突出分明，砌墙的技艺非常高超。寨房的门既矮且窄，仅可容一人进出。寨房的后部开有一小窗，非常狭小。也有在石墙的中部砌成“人”字形状，中留空隙以作窗户，目的是为了防备盗匪。寨房一般为二层至三层。二层的寨房底层住人，楼上多堆放粮食等。如为三层则底层圈牛羊猪等，中层住人，上层则设置经堂和堆放粮食。在冬季因气候寒冷，但地面却较为干燥，也可从二楼搬到底层居住。寨房的楼面地板为木板拼合而成，其间空隙多填上木条或草，上用黏土铺平踩实即成楼面。1976年松平大地震，上游村藏式老寨房大多都已破坏，截至2020年，保存较为完整的藏式老寨房仅剩4座。

木板穿斗房 木板穿斗房的建造方式是沿房屋的进深方向按檩数立一排柱，每柱上架一檩，檩上布椽。每排柱子靠穿透柱身的穿枋横向贯穿起来，成一榀构架。每两榀架构之间使用斗枋和纤子连在一起，形成一间房间的空间构架。上游修建穿斗式房屋时，通常由一个专职掌墨师和若干个技艺高明的木匠专职专人负责修造。掌墨师负责墨法，下手木匠则听其指挥，依照墨法把各类圆木加工成中柱、二经柱、檐柱、中梁、挑方、穿方等成品。择定吉日之后，由掌墨师指挥把这些构件排成“扇”。待“扇”排成之后，又需择一吉日立房。房架立好后就是装修，

上游村传统民居（虎牙藏族乡 / 供图）

外面的墙身与内部的间隔全部用木板。因此，整座房屋是全木建筑，具有优良的抗震性能。截至2020年，上游村民居绝大多数都是采用藏式风格的木板穿斗结构，有150余座。

古寨墙 主要分布于古院落群间，由石头与泥土堆砌而成，高2~3米，厚30~50厘米，具有坚固、易出难进的特点，当时主要是为了防御外敌的入侵，特别在闹饥荒的年代，为防御土匪入侵村寨抢粮起到了积极作用。

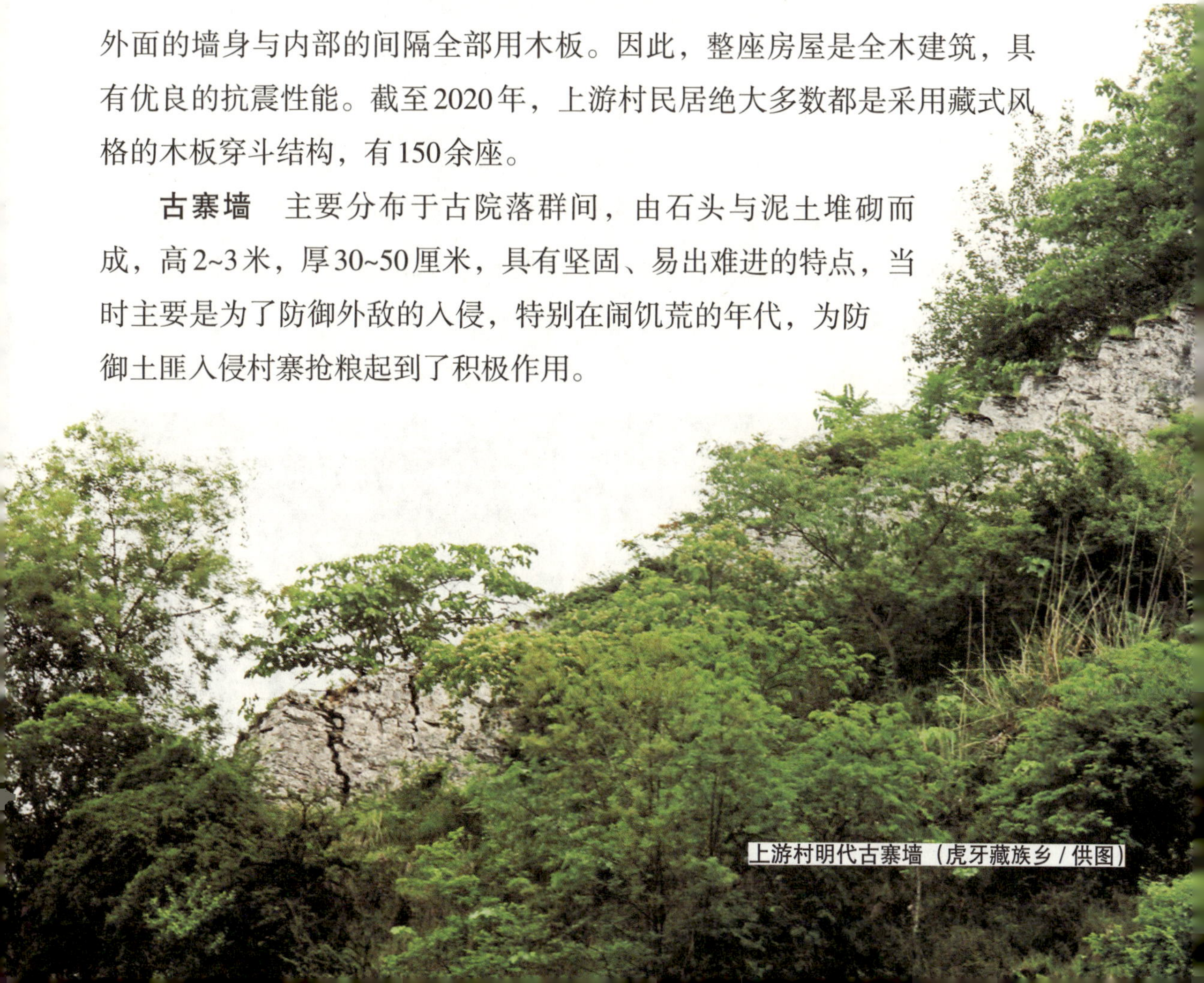

上游村明代古寨墙（虎牙藏族乡 / 供图）

喇嘛庙 上游村喇嘛庙始建于明初，占地面积150余平方米，为该村乃至虎牙藏族乡藏族祭祀祈福的重要场所。春播时节，村民们为了祈福求雨，常常请喇嘛到此作法求雨，以求庄稼丰收。在“文化大革命”期间，该庙被列为重要整治对象，整个建筑毁于一旦，如今只留下残垣断壁。

▶ 特色文化

斗牦牛舞 上游村一直保留着富有虎牙藏族传统特色的“斗牦牛舞”，当地群众称为“益岷张宰”。“斗牦牛舞”由两人扮演一头牛（可单牛表演和多牛表演），一人扮牛头，一人扮牛尾。两人要身披贴满牛毛、重达数十斤的毛毯，扮牛头的人还要头戴重达20余斤、能睁闭眼睛、张合嘴巴自制牛头面具，通过手操纵牛嘴、牛眼、牛舌让牛头富有神韵；扮牛尾的人弯腰勾头，一手紧抓扮牛头人的腰带，一手掌握牛尾巴。两人时而跳跃、时而蹲立、时而举起、时而坠下、时而爬行、时而卧倒，既能淋漓尽致地表现出牦牛的凶猛、野性，又能表现出牦牛摇头、摆尾、吃草、喝水、舔背、梳毛等温和、驯服的一面。“斗牦牛舞”表演时，会配以传统锣鼓，高亢豪放的耕地牧歌和由人装扮成盘羊穿插其间

斗牦牛舞（胡宇 / 摄）

斗牦牛舞（向远木 / 摄）

的万字格舞，表演起来热烈欢快，场面壮观，极具民族特色。2010年，平武虎牙“斗牦牛舞”被列入省级非物质文化遗产保护名录。

藏族歌舞 歌舞是虎牙藏族民众生活中不可缺少的重要组成部分，人们的生产劳动、宗教活动、婚丧嫁娶、节日庆典等生活的各个方面都通过歌舞的形式展现出来。劳动生产有耕地歌、牧歌、男耕女织舞、生产舞，表达男女爱情有情歌、出嫁歌，举行祭祀仪式和庆典有敬神歌、鲜花舞、万字格舞等。据统计，流传至今并有完整词曲的虎牙藏族民歌共计71首，收录在上游村村民渠底塔所著的民族文化书籍《藏乡神韵》中，该书于2012年获得“四川省第七届巴蜀民间文艺奖铜奖”。

▶ 旅游名胜

大龙口瀑布 在一条脉脊的山嘴距地面30米的悬崖上有大小不等18股清泉喷出，小的恰似儿童小便，大的有水桶粗一股即龙口飞瀑，此地也由此而得名“刷刷水”，距虎牙藏族乡政府所在地约有15千米。大龙口瀑布周围为无人区，流下的水是一泓汩汩而流的山泉，无任何污染，且四季不断流，为各家各户提供饮用水。

大龙口瀑布（虎牙藏族乡 / 供图）

上游村马帮（虎牙藏族乡 / 供图）

▶ 风土民情

茶马古道 上游村茶马古道起源于唐宋时期。上游村出产矮小却富耐力的骡马，马帮的徒步运输就应运而生，主要运输茶叶、布匹、盐和日用器皿等，在高山峡谷间南来北往，流动不息。曾经是龙安府乃至绵州地区重要的茶叶、烟草、药材等物资重要的交易场所，热闹非凡。现上游村的驿站房屋保存较好。如今，上游村依然有马帮活跃，为大山深处的人们运送物资，有时还给来虎牙旅游探险的游客充当向导。

双牛耕地 是虎牙藏族乡较为普遍的耕作方式，因两头牛一起用力耕地而得名“双牛耕地”。使用双牛耕地必须把两头牛调教好，使其一同用力，方能发挥其作用，提高耕地效率。

分五脏肉 是虎牙藏族最能体现民族团结精神与家庭和睦关系的习俗，藏语叫“咸尼古德”。在冬、腊月杀猪后，家长（一般都是男性）要把猪的心、肝、肚、肺、肠这五种内脏分别煮熟，按照家中的人口总数，把五脏肉平分。家长要针对该成员在家中的地位与一年来给家庭所作的贡献，对已取得成绩的肯定，对未来的希望和鼓励。如果家中的成员无法赶回家，家长就要给未到者留一份，待回来时再享用。按照规矩，对已出嫁的女儿，从第四年起娘家才不再给她分五脏肉。

荡秋皮 即打秋千，是虎牙藏族男女老少都参加的一种体育娱乐活动，主要是在每年的春节期间进行。一般是在寨子附近找两根自然平行生长的大树，然后用山中所产的白角、棉角、红藤把一根树杆横捆在两树之间，再把两个平时耕地用的牛枷担卡放在横杆上。秋千的绳多用山中的老藤或者牦牛皮绳，绳下则吊以厚松木板作踏板。虎牙藏族人认为，打秋千要打的与横杆扯平才叫有水平。荡秋皮有单人打、双人对打、四人对打等几种不同的打法。

押加 又称大象拔河，藏语叫“浪波聂孜”，意为大象颈部技能，也是虎牙藏族常见的体育娱乐活动。比赛前，选一块平地，先在地上划两条平行线作为河界，中央又划一条中界，准备一条长约4米的绳子式布带并两端打结。比赛由两人进行，双方各自把绳子套

押加（虎牙藏族乡 / 供图）

在脖子上，两人相背，将赛绳经过腹胸部从裆下穿过，然后趴下，双手着地，赛绳拉直，绳子中间系一红布为标志，垂直于中界。听到比赛开始的口令后，两人用力互拉前爬。用腿腰肩颈的力量拖动布带奋力向前爬，以将红布标志拉过河界者为胜。

上游村藏式婚礼 虎牙藏族的婚姻习俗，融合了汉、藏两族的特点，民族特色和地方特色较为鲜明。一般包括“为定、说定、看好期、过酒席”四个过程。为定（藏语“喀给直涅”），又叫打口风，就是男方委托媒人到被相中的女方家中去探听消息，如果对方有意结亲，就进入下一步，反之则作罢。说定（藏语“接尼古”），又叫提亲，男方带上四样礼物（两壶酒、两个礼财肉、一把锋利的长刀和一个新的罗锅）到女方家作为见面礼，如果对方的父母同意这门亲事，就会高兴的收下长刀和罗锅。看好期（藏语“尕玛达”或“尕玛绕波”），请喇嘛或端公根据结婚者的生辰八字和经书推算之后来选好良辰吉日，以准备结婚。过酒席（藏语“哈角直”），即结婚吃，包括十个过程：一是通知请客；二是准备酒席；三是打扮新娘与新郎；四是出亲与接亲；五是撵煞，即把煞气挡在门外；六是认祖宗与辫头发；七是周堂与理铺，周堂即为拜天地，理铺即为整理床铺；八是抢房，意思就是新娘、新郎进入洞房；九是跳锅庄；十是回门，即为结婚三天后新婚夫妇按规矩回门。

（虎牙藏族乡人民政府）

平武县
白马藏族乡亚者造祖村

▶ 基本村情

平武县白马藏族乡亚者造祖村是全国第三批少数民族特色村寨和四川省级乡村旅游重点村。村中分布着众多白马藏族传统民居建筑，与雪山、森林、草甸、河流相辉映，形成景色秀美、民族风情浓郁的独特旅游景观。2016年12月，该村被列入第四批中国传统村落名录。

亚者造祖村扒昔加古寨（邓崇刚 / 摄）

位置境域 亚者造祖村位于夺补河流域，距白马藏族乡乡政府所在地王坝楚20千米。地理坐标为北纬32°50′、东经104°11′。该村东临阿坝藏族羌族自治州九寨沟县，西接王朗自然保护区，南与阿坝藏族羌族自治州黄龙寺接壤，北与厄哩村相连。村域面积130平方千米，村庄占地面积约0.2平方千米。

历史沿革 据当地传说，亚者造祖村的形成起源于三国时期，当时原本居住在江油漫波渡（古名蛮婆渡）一带的白马藏族人，因与蜀汉军队作战失败，退至平武夺补河畔定居下来，经过数代繁衍生息，逐渐形成村落。村境自宋末至清代属龙州三寨长官司白马寨辖地。1940年属黄羊特编乡。1945年属黄羊乡。1949年属又新乡。1950年8月，平武恢复土司、番官、头人制度，属黄羊大部落。1951年9月属白马大部落。1956年10月民主改革结束，属白马民族乡。此后，自1959年10月至1981年7月，白马民族乡先后改为白马人民公社、白马藏族乡、白马藏族人民公社。1984年再次改为白马藏族乡，此后至2020年底建制及名称未再变动，亚者造祖村的隶属关系亦未发生变化。

选址与格局 亚者造祖村村名为白马藏语的汉语音译，意为“六大寨子”。村境内原来共有6个寨子，即刀切加、色纳路、祥述加、色入加、扒昔加和章腊加。其中的章腊加寨子地处华能水牛家水电站水库库区，于2003年被淹没形成天母湖，村民搬迁至其他寨子生活，现村境共有5个寨子（亦即村民小组）。这些寨子都沿着涪江上游支流夺补河两侧分布。村寨依山就势，或背靠大山，或面湖而建，整体布局并无特定成规。因村落位于高山峡谷，地势险陡，很难找到平夷之地，所以村民聚居之处，房屋都以阶梯之势修建，错落有致，既不会挡住后面房屋的光线，也不会遮住人们的视线。传统白马藏族民居为干栏式建筑，房屋前都有宽敞的屋檐，成为村民聚会、劳动的公共空间。

自然环境与资源 亚者造祖村村境属于高山地貌，境内地势西北高东南低，至高点刀切加海拔2800米，最低处扒昔加海拔2300米，相对高差500米。村境属高山寒冷气候，年平均气温8℃～12℃。全年无霜期短，日照时间长，昼夜温差大，年积温低，降水充沛，主导风向为西北风。村内水资源丰富，涪江支流夺补河自西向东穿境而过，属一级水源保护地。拦河而成的天母湖湖面宽阔，水质清澈，是该村重要的旅游观光景点。

全村有耕地约35公顷，有森林4747公顷，森林覆盖率约为99%。村内植被保存完好，动植物资源丰富。其中乔木以杉树、松树等针叶树种为主，有国家一级保护植物红豆杉和二级保护植物冷杉、云杉等珍贵树种，还有羊肚菌、松茸等珍贵食用菌类及许多中药材、观赏花卉和森林蔬菜（野菜）。每年4—6月，漫山遍野的杜鹃花开放，甚是壮观。紧邻的王朗自然保护区是国家一级大熊猫保护基地，有大熊猫、川金丝猴、牛羚、豹猫、云豹、斑尾榛鸡、绿尾虹雉等7种国家一级保护动物。

夺补河（向远木/摄）

亚者造祖村独特的地理和气候环境，适宜发展无公害农业。粮食作物以土豆和荞麦为主，蔬菜以卷心菜（当地俗称“莲花白”）、白菜等为主，同时还出产大黄、赤芍、猪苓等高山中药材，车厘子、红心李子等高海拔水果。

人口 2020年，亚者造祖村有户数113户，总人口459人，其中白马藏族人占比为99%，主要有正哥、苯麻、纳祝、色哥、喇嘛等几大家族。中华人民共和国成立后，随着与汉族地区人员交往的日渐增多，白马藏族男性大都取了汉姓，汉姓以杨、田、张、金居多。

经济民生 2014年以来，亚者造祖村依托白马王朗景区，引进成立四川白马王朗古寨旅游景区管理有限公司，大力发展文化旅游产业，带动村庄社会转型、经济升级，彻底改变过去“牧羊养蜂、种麻织布、务农工猎”的生产生活模式。截至2020年，全村共有旅游接待户84户，客房1625间，床位3033个，可一次性接待4000余人就餐，3000余人住宿，最大游客接待量5000余人。村民人均年收入6780元，全村15户贫困户（共52人）全部实现脱贫。

随着经济的发展，亚者造祖村的民生基础设施不断改善。2020年，全村新建和维修农堰9.4千米，道路7.5千米，复耕土地30亩，修建雨水、污水排水沟2000米。对80户村民的水电进行改造，在建污水处理厂3处、垃圾转运站1处，2个村民小组开通无线上网网络服务。改造游客服务中心及公共厕所各1处，新建文化广场1处、停车场3处，完善旅游标识标牌，规划建设村民活动中心等文化基础设施。

▶ 传统建筑

传统民居 截至2020年，亚者造祖村共有白马藏族传统民居建筑36

扒昔加古寨民居（胡宇/摄）

户。白马藏族人修建房屋一般选择在地势较低的沿河地带或者地势相对较高的半山腰。因其宗教信仰，神山附近的建筑更为密集。

白马藏族传统民居在平面上大致都呈长方形，房屋有前门，通常正对河流，但无后门，只向东有一窗，呈外紧内松的喇叭状。建筑式样为“杉板房”，屋顶呈“人”字形，上盖青瓦，房屋均为三层。一层用木柱做成架空层，用于饲养牲畜（20世纪90年代以来新建的房屋，则已将牲畜迁移于村子的外围集中饲养）。二层为生活居住空间，承担起居饮食等主体功能，房屋内设有火塘，会客、宴饮皆在火塘完成。上层为堆放粮食和祭祀的场所。上两层空间由建筑的内置木楼梯相连，在建筑的外墙上没有明确的界限，从外观上看如同没有分层的一个整体建筑。

祥述加寨传统民居装饰（白马藏族乡/供图）

传统的白马民居建筑材料主要有由泥土、石材、木材、竹及藤。泥土用来夯成土墙，或与竹一起做房屋上层墙体；石料主要用来堆砌地基和加固墙体下部；木材通常选取松木、杉木，用来建造承重的木构架、镶嵌木墙或铺设楼层地板，早期也用杉木板铺设房顶；竹与藤条则多用来绑定建筑的木结构衔接处。

在白马人万物皆神的信仰观念中，凶猛的野兽也被奉为神，认为他们是力量与勇猛的化身，所以他们在大门口通常挂有与神灵相关的物件，如挂有动物的头骨、被道士作法的剪纸。白马人的面具——曹盖，是白马藏族图腾面具的总体象征，具有撵鬼驱邪、保佑平安的神威作用。

2000年左右，为改善卫生条件和居住环境，并积极发展旅游业，亚者造祖村村民开始改造原有房屋，或新建砖木结构的民居。改造或新建的民居一般为两层，上层用来接待客人，下层分别为客厅、烤火房、卧室，不再设有牛、羊等畜禽圈，而是用石料堆砌形成房屋基层。少数寨子还保留有原老式建筑。

扒昔加古寨民居（胡宇/摄）

▶ 特色文化

信仰习俗 白马藏族人的信仰习俗主要是自然崇拜，并受到藏族远古的原始宗教影响，其奉祀的神灵主要是山岳、动物、森林等自然物。

神山崇拜。白马藏族人奉祀的总神山叫“叶西纳蒙”，汉语称为白马老爷。除总神山外，各村寨还有本地的神山，叫作“朵拉”。亚者造祖村的五个寨子都有“朵拉”，如祥述加的“柔则嘎鲁”“卡组左咩”“索咩笃刍”，色入加的“索咩呀者”“鲁瓦达”“呀鲁达”，扒昔加的“索咩笃如”“邪菩萨笃”等。对神山的祭拜是通过神树（柏树）实现。如果寨子有人得了重病，就摆上三个鸡蛋、鸡头、鸡爪、鸡翅和鸡尾巴，点上三炷香，到神树下烧纸，面朝神山边烧纸边念神山的名字，祈求早日痊愈。

白马老爷神山（白马藏族乡 / 供图）

祭山仪式（白马藏族乡 / 供图）

水崇拜。亚者造祖村的白马藏族人认为河里、湖里、水塘都有水神。“索咩笃刍”神山、胡家沟都有神水，白马藏族称为“海子”。天干旱的时候通过祭拜海子来祈求雨水，如果村里发生旱灾，连月不雨，就由四名青年男子去海子里取神水，用木桶装回神水后，村子里每人都喝一口，喝过就会下雨。扒昔加的村民上山采药时，都要经过胡家沟，必须喝一口胡家沟海子里的水，以躲避山里的树精。

灶神崇拜。白马藏族称灶神为“涅拉”，涅拉存在于每家的火塘之中。旧式火塘是三脚架，白马藏族生活起居皆在火塘周围展开，任何人都不得以脚踩踏三脚架，火塘周围的座次有特定的尊卑秩序，家人围坐火塘之时不得违背。大年初一凌晨鸡叫之时，各家门前点燃一堆柴火敬神。

祖先崇拜。白马藏族祖先的神灵为“拉色”。每家火塘正上方有神柜，神柜上置一方形木斗，木斗里燃放柏树枝。柜后墙上贴剪纸，剪纸是牛、马、羊、猪、鸡以及日、月的形象。另供一碗，内盛荞、麦等粮食，为祈求五谷丰登之意。每天在火塘用餐之时，由家中年龄最长男性，用筷子蘸一点饭向着神柜一扬，表示敬祖。喝酒时，也要用中指蘸上一点向上一弹示敬。每年的腊月二十日到次年二月初五，是死去的祖先耕种的时候，故这个时间段不得耕地。腊月二十日准备好各种粮食种子，呼唤着祖先的名字，嘴巴里念着“瞎子要牵来，种子要背来”献上种子。春天花开之时，则是为家里死去的人过节，如果在这段时间死亡，被认为是命好。

跳曹盖　跳曹盖是流传于平武县白马藏人山寨的民间祭祀舞蹈，也是亚者造祖村最为隆重的集体祭祀活动。“曹盖”是白马藏语，意为“面具”。曹盖面具是似人似兽的“达纳尸界”（黑熊神）神灵形象。据传在白马藏族人先祖时期，有一人因患疟疾而向神山祈祷。祈祷时，遇到面目狰狞怪物的袭击。在惊恐万分逃跑之后，疟疾消失。自此以后，白马藏族人认为怪物就是神山的“化身”。为了得到神山的庇佑，白马藏族人就制作出了“曹盖”，用以象征神灵。

跳曹盖祭祀仪式在每年正月初五和初六举行。正月初五下午，村民在寨中的晒场搭起祭棚。棚内有面粉制作的牛、猪、马、羊、鸡等形状的供品，插有柏树枝丫和各色纸制的小旗，中间燃起一堆柴火，火堆左侧有3~5个“白莫”（相当于巫师）念经。念经至正月初六凌晨鸡叫头遍

跳曹盖（胡宇 / 摄）

结束。此时，身穿五彩长袍、头戴插有雪白鸡毛白色毡帽的人们，在巫师主持下，杀牛祭神。然后，跳“曹盖”的青壮年戴上木制面具，手持大刀、锯子等舞具，围着火堆跳起了粗犷、古朴、刚健的曹盖舞。舞队人数必须是单数，沿逆时针方向围圈起舞。舞队中有不戴面具的巫师“白该”（年长的、有学问的巫师）3～5人，戴面具的“曹盖”4～8人，另有饰“黑熊”与“野猪”者各一人在其中穿插舞蹈。群众可围观或随队起舞。跳曹盖舞者皆头戴面具，在“咚咚咚”的鼓声和“哐哐哐”的锣声伴奏下，激烈地跳跃。舞蹈动作粗犷威严，质朴单一，变化较少，明显保留着白马藏族原始宗教祭祀活动的古朴风貌。跳至高潮时，还要从火堆上飞身纵过，每至此时，鼓锣齐鸣，群情振奋，煞是壮观。接下来，跳曹盖的队伍围着寨子挨家挨户去跳曹盖，最后跳到田边地角为止。

非遗传承人旭仕修制作跳曹盖面具（白马藏族乡 / 供图）

跳曹盖祭祀仪式以三年为一个周期，前两年只祭拜本寨的山神，第三年则还要祭拜白马地区最高山神“白马老爷”。随着社会的发展，原始的跳曹盖渐渐掺入了娱乐的元素，成为白马藏寨一年一度的“狂欢节”。2011年，平武白马藏族“跳曹盖”被列入第三批国家级非物质文化遗产代表性项目名录。

▶ 风土民情

身着民族服饰的白马少女（白马藏族乡 / 供图）

白马藏族传统服饰　白马藏族的传统民族服饰最为独特之处是男女均头戴插着白鸡毛的白色毡帽。毡帽其形如白色带花边的盘子，帽顶较浅，帽檐为荷叶波浪形，戴用时像一个白色盘子倒扣在头。帽顶两侧插上白色羽毛，男人插1根短直的白公鸡尾羽，女人插1～3根长白公鸡尾羽，极富民族风韵和装饰性。因毡帽形似盘子，又被称为

“盘盘帽”。这种帽子不但可以保暖，还有很强的实用功能：一是过去在山上打猎或者打柴、干农活时可以用来舀水喝；二是如果帽子太旧不能再戴了，还可以一割两半，裁成鞋垫。

擀毡帽（胡宇／摄）

白马擀毡帽的制作过程是：用竹条将羊毛在垫子上打成绒状（一般需要打制几个小时）；将打绒后的羊毛放在用细竹丝制成的竹网上，泡在水中擀压成毡；将羊毛毡晾干，用自制的木圆饼块压制成帽坯；用粗砖把帽坯打磨平整光滑，再用细石块砂至出白色粉末，使毡帽变白；用白线将毡帽沿收边，帽顶缠上彩丝带，女性帽檐会红配绸做的红花；在帽顶丝带边插上白鸡尾毛。

花腰带是白马姑娘服装的必备配饰，不仅能保暖，还能束腰，让白马姑娘身姿显得袅袅婷婷。花腰带用绵羊毛织成的，毛线的颜色一般是赤橙黄绿青蓝紫，再加黑白两色。花腰带编织过程比较复杂：首先是把羊毛捻毛线，白马妇女很多时候走路都在捻毛线；再把捻好的毛线两根合股成绳，绕成线团，用染料染成彩线；彩线准备好了后，在门前打上四根木桩，将经线固

扒昔加寨村民编花腰带（唐平瀛／摄）

定，用四个梭子编织，编织腰带需要四天。

白马藏族民歌　白马藏族民歌大抵可分为劳动歌、抒情歌、酒歌、舞蹈歌等。劳动歌有庆丰收歌、打粮歌、打墙歌（修葺房屋时唱的歌）、管火歌（一二月天气冷，粮食收了后要焚烧秸秆，为了预防火灾，村民分组巡夜时唱的歌）等，曲调简洁明快。抒情歌内容较宽泛，既有情歌、叙事歌，又有游戏歌、诙谐歌等，有的高亢悠扬，有的优美别致。酒歌主要用于酒宴礼仪，包括传统节日和婚丧嫁娶仪式中的酒宴歌曲。舞蹈歌则是主要是跳“圆圆舞”时所唱的歌曲。

白马藏族歌曲的歌词多以六字、八字为主，由一组或几组对称的上下句组成。语言质朴无华“敷陈其事而直言之”，与他们的生活环境和生产劳动息息相关，带有浓郁的乡土色彩和生活气息。

白马山寨歌会（白马藏族乡 / 供图）

▶ 人物传略

泽子修（1903—1970），白马藏族，亚者造祖村人。1925年，承袭父职任色如加寨头人。因其年少勇悍，深得土司王实秋赏识，不久被提升为白马路上5寨大头人。1947年，被土司王蜀屏委任为白马地区武装队长，统领长短枪200余支。此时，泽子修在实力和地位上成为白马藏族上层人士中仅次于番官杨汝的第二号人物，民众称为“二豹子”。1949年12月，泽子修加入平武县山防总队，带队把守猫儿山。12月19日山防总队宣布起义后自行解散。

1950年，泽子修被安排为平武县各界人民代表会议代表。同年8月，平武成立藏族自治委员会，泽子修任驻会委员。1952年兼任白马部落土司，1953年担任平武县藏族自治区政府副区长，1954年担任平武县藏族自治区政府主席并当选省人大代表。1956年民主改革后，泽子修当选为平武县人民委员会副县长。1957年松潘平叛期间，泽子修一方面耐心劝阻想参加叛乱的藏族上层人士，一方面亲自参加平叛并完成支前任务。1959年他积极拥护并带动藏族民众支持中央对西藏达赖集团叛乱的平叛措施。1970年泽子修病逝，终年67岁。

（曾穷石）

平武县
木座藏族乡民族村

▶ 基本村情

平武县木座藏族乡民族村的老寨子（木座寨）是平武白马藏区保存最为完好的古寨子。村落依山而建，错落有致，格局清晰，传统民居建筑式样独特，传统文化、风土民情具有浓郁的民族特色。2016年12月，该村被列入第四批中国传统村落名录。

民族村木座寨（胡宇/摄）

位置境域 民族村位于夺补河支流火溪沟腹地，距离木座藏族乡乡政府所在地河口村8千米。地理坐标为北纬32°39′、东经104°27′。该村位于夺补河畔半山之上，东接白马藏族乡王坝楚，与和平村相接。村域面积176平方千米，村庄占地面积约0.19平方千米。

历史沿革 民族村境自宋末至清代属龙州三寨长官司白马寨辖地。1940年，属阳地特编乡。1945年，属阳地乡。1949年，属新民乡。1950年属白熊大部落。1952年，属木座乡。1956年，民主改革结束，属木座民族乡。1968—1981年，木座民族乡先后改为木座人民公社、木座藏族乡、木座藏族人民公社。1984年，改为木座藏族乡后建制及名称未再发生变化，民族村境隶属关系不变。

选址与格局 民族村辖3个村民小组，分别是民族村一组、民族村二组、民族村三组。民族村一组，即是老寨子所在地，为村落的核心区；民族村二组，当地称为倒挂沟；民族村三组，老地名为自一里。

民族村老寨子在白马“十八寨”中被称作“木座寨”，是白马藏族地区保存最为完好的古寨。木座寨坐落在半山腰，四周青山环绕，前临夺补河，通过一条盘山公路与九环线相连。木座人敬畏自然，给寨子周围的山都取了名字：寨子正后方也即东北方向上的山被称为“那沙度珠”；北边的两座山被称为“若朔”和“其蒂”；南边的两座山，被称为“扎伊波诺”和“措瓦诺”；寨子的正对面隔河相望的两座山被称为“斩桂”和“雪宝顶”。

木座人称自己居住的村落为“院子”，村中的居民则被称为“院子里的人”。木座人把村落的公共活动空间区分为神圣与世俗两部分。整个木座寨周围都被诸多神圣空间所环抱，不能轻易闯入并随意行事。在这些神圣空间中，有两处最为重要：一是位于寨子上方背靠后山的地方，其地名叫“说买诺”，它以背后的几棵参天大树为标志，是木座人敬奉本地的土地神“土力”的地方，设有神位（木座人认为，这个地方从树到敬

坐落在山腰上的木座寨（唐平瀛 / 摄）

神的青石板都是有神力的，绝对不能冒犯）；二是位于“说买诺”后边的后山脚下，地名叫作“夏多给地”，这里是专门敬奉本地山神“那沙度珠”的地方。世俗空间是木座人日常活动的空间，木座人把其划分为五个部分：院子中间，称为“嘎如”；上边的空间，为“亚古”；左边的空间，为“帕古”；右侧的空间，为“搓古”。世俗空间依照由内而外的阶序来安排，在不同的层次上形成各自的活动中心。

自然环境与资源 民族村属于山地地貌，海拔2200～2500米。属于北亚热带山地湿润季风气候，具有冬季寒冷、夏季凉爽的特点，年平均气温11.1℃～12.41℃，年均日照1200小时，春、夏、冬三季日照均较长。全年无霜期约210天，降水充沛，年降雨量1200毫米。村境内植被茂密，森林覆盖率超过90%。动植物资源十分丰富，有红豆杉、珙桐、水杉、银杏、独叶草等珍稀植物，有大熊猫、金丝猴、云豹、牛羚、金雕、绿尾虹雉、斑尾榛鸡、雉鹑等珍稀动物。出产天麻、羌活、独活、当归、党参、大黄、赤药、秦艽、贝母等中药材。

人口 2020年，全村户籍150户，人口425人，常驻户数103户，人口300人。主要民族为藏族，占总人口的99.5%。据当地人传说，该村的白马藏族由江油漫波渡（又名蛮婆渡）迁来，最早进入的朱家、王家是当地的“坐地户”，木家、睦家、年家、张家等则后迁于此，各家族之间通过婚姻关系结成盘根错节的“竹根亲”，逐渐发展成现今的村落形态。

经济民生 民族村的主要产业是农业，农作物主要有大白菜、卷心菜、土豆、玉米、豇豆、萝卜等。副业有采药、养蜂等。

依托优美的自然风景、独特的白马藏族文化和高山土特产品，民族村积极发展乡村文旅产业。截至2020年，新建白马文化传承及文创产品研发工作室1个。对全寨用电、通信网络等线路进行埋地处理，开展环境综合整治，亮化美化寨内环境。将纳卓寨至牛场石板小径选择6~10个景点作为徒步打卡点。将民族村河坝打造成小型接待集散地，以风情园旅游接待点为中心，利用2栋300平方米闲置农房新建旅游接待点2个，改建旅游接待点2个，实现满足200名游客食宿需求能力。新建800平方米停车场2个，改扩建旅游公厕1个，旅游产品销售点1个。以民族村自一里为中心，新建2000平方米白马文创产品加工区1个，改建藏家乐民宿接待点8户，新建5000平方米自一里休息区1个（含停车区、旅游厕所、便利店、特色小吃店等）。全村建档立卡贫困户24户72人全部实现脱贫。

▶ 传统建筑

传统民居 民族村的传统民居建筑共有40多座，主要集中在老寨子（木座寨）。民居建筑选址重视风水，顺应天然，又不拘泥于形式，整体

民族村传统民居（木座藏族乡 / 供图）

风格与地形地貌、自然环境和谐统一，体现出自然与人文融合的环境观和生态观。建筑式样有转角楼、十一柱三间、九柱三间、七柱三间四类。房屋墙面大多用石头或泥土砌成，屋顶用瓦或者茅草铺盖，房屋只有两层，很少在房屋最下层辟出关牲口的“畜楼”。房屋的第一层都用于住人，空间必须分隔；二楼的房屋一般用于储存粮食、腊肉以及祭祀，整层楼全部贯通，不进行分隔。木座寨传统民居多为穿斗木结构，青瓦屋面，人字水。四壁多用木板装成图案形（间或有土墙或草房），为采光需要，在壁面设计安装推窗或固定窗户，俗称窗格子。夹壁多用篾编，外糊草泥或用石灰粉刷。

火塘（白马藏语称“郭拉”）是民族村传统民居最重要的组成部分，承担起居饮食的全部功能，也是一个家的主要象征。木座传统家屋中不区分火塘和厨房，都是在火塘上架一个三脚架，把锅置于三脚架上，然后用钩子悬挂起来。家屋内部最大的空间是堂屋。堂屋的开间要比两侧房屋大，层高也比较高，不仅是家屋内部的重要劳动空间，也是家屋内仅次于火塘的一个神圣空间。在堂屋后方有一个小房间，木座人称其为“道房子”，专门用于存放粮食，这是木座传统白马藏族家屋的一

木座传统民居中的火塘（唐平瀛 / 摄）

个典型特征。堂屋中处于整栋房屋中心略右侧的柱子，木座人称为中柱，这是全屋中最重要的柱子。在木座传统家屋设计中没有庭院的空间安排，户于户之间没有围墙或者栅栏进行区隔。

▶ 风景名胜

神鱼洞　木座的神鱼洞有两处。一处位于木座寨子前方二里处的扎依波罗山崖脚下，有一碗口大的泉洞，泉水清澈甘甜，常年不断，潺潺流入夺补河中。古时每天有鱼从内窜出来，大的有一二斤重，小的也有两三寸长，食之鲜美可口。至今仍时有鱼从洞内冒出。据传鱼洞上方的崖壁上原刻有“约法三章”，系当时平武县令为平息来鱼洞捕鱼而发生争斗的饥民所定的规矩，大意是“清泉鱼洞，天赐人间，救济饥民，不得独占，众人捉鱼，听从安排，依次而捕，违者不容”。现刻字已风化无存。

另一处神鱼洞在木座寨子下方一里路的河对面，这里山脚下有三处清泉，时有鱼外窜。因古时河水湍急，乱树横生，难于过河，无人发现这鱼洞。据说1969年5月的一天，木座小学的一位老师突然发现家狗叼回一条大鱼，又见河对面一群乌鸦飞上落下，似争抢食物，随即过河观看，发现白花花一片鲜鱼摆在河滩上，遂拾鱼回家美餐一顿。此后人们摸到一个规律，每逢暴雨雷鸣天气，鱼洞便有大量鲜鱼外窜，此时坐守待鱼，收获颇丰。为避免因捕鱼发生争执，人们自作协议，约定捉鱼时限，排班轮次而捕，不管捕多捕少，到时让位。捕鱼大多是在晚上，一人蹲在泉边照明，另外一二人站在旁边，手拿一小木板或草把，静待捕鱼。待一群鱼游出泉口，立即用木板或草把挡住洞口，切断鱼回游去路。此时群鱼便在泉洞外不大的水涡里飞蹦乱跳，甚至跃到岸上。在灯光的照射下，群鱼飞舞，水花四溅，令人眼花缭乱。一批捉完，将木板、草把放开。再捉下一批，反复进行，直到满载而归。

神鱼洞（木座藏族乡 / 供图）

铁甲松（木座藏族乡 / 供图）

千年铁甲松　在九环线公路下方一处宽阔的平坝中，一块巨大的石头矗立在河滩上，一棵造型特别的松树长在石头顶端，松树枝叶交错，亭亭如盖，另有两棵小松树长在一侧。石头为黝黑色，形状并不规则，一头高，一头低，总体为长方体，最高处约10米，最长处有八九米，最宽处五六米。从远处观看，石头上除了生长有大小松树外，大半地方还被苔藓等植物覆盖。巨石上的古松属于生长十分缓慢的松树种，在当地被称为铁甲松。因为巨石上土层很薄，铁甲松能长到这么大殊为不易，当地人推测其树龄已有上千年。

▶ 特色文化

宗教和民间信仰　民族村白马藏族的宗教和民间信仰呈现出多元文化复合、叠加的特点。信仰体系中既有本土的地方神灵，也有外来宗教信仰成分。地方神灵中，最大的神灵是女性神山“纳萨度珠”，它掌管村子的一切，覆盖民族村社会、经济的所有方面。山上的树木不能碰触和砍伐，每年农历四月十八，村民种完粮食要去“纳萨度珠”杀牛敬神。之下是土地神“夏夺格地”，也称为“土黎”或“七郎土地”，每年农历四月十八要在“夏夺格地”过白雨会，祭拜“夏夺格地”及神树。作为土地神的“夏夺格地”只能管家庭、个人的事。此外，民族村还有水神、火神、树神、家神等神灵，涉及村寨日常生活的各个方面。外来宗教成分包括藏传佛教、道教、佛教的遗物、遗迹。民族村老寨子四户人家门前有“泰山石敢当”石碑，倒挂沟有观音庙。

跳曹盖（参见平武县白马藏族乡亚者造祖村“跳曹盖”条目）

圆圆舞　圆圆舞是白马藏族的传统舞蹈。有节庆的时候村民聚在一起，男女老幼都会跳。春节期间跳圆圆舞，会在寨子的平坝处——博属古诺生一堆篝火，全村的男女老幼以篝火为圆心，手挽手围成一圈，男

民族村村民在清明歌会上跳圆圆舞（木座藏族乡 / 供图）

性和女性交叉站开，分成两部分，一部分人用唱词提问，另一部分人用唱词回答。轮到自己唱的时候就开始跳舞，不唱的时候就缓慢地跟随着大家转圈。不同的舞步伴随不同的唱词。圆圆舞舞姿古朴，歌词的内容以劳动、季节和嫁娶居多，在一问一答中，白马藏族的宇宙观得以传承。

酒歌 民族村的传统娱乐方式。传统唱酒歌只有在婚宴、丧事以及过节时唱。酒歌的内容分成喜事时候唱的歌、对调以及丧事上唱的歌。喜调一般是敬长辈、婚礼上男女方互敬时唱；对调是平时喝酒的时候唱，类似于对歌；丧事上唱的内容主要是概括逝者生平。

清明歌会 木座清明歌会始于1982年清明节，由木座寨的村民自发举办，此后每年清明节期间在民族村举办，是民族村乃至木座藏族乡非常重要的民俗活动。清明节是白马人最重大的节日之一。民族村所在的白马藏区海拔较高，气候寒冷，春天来的比较晚，因此在清明节以后，白马人开始进入春耕劳作的忙碌时期。在清明节举行歌会，也是祈祷山寨新的一年风调雨顺、五谷丰登、六畜兴旺。歌会内容包括唱酒歌、山歌，跳曹盖、跳圆圆舞等。歌会当天，歌声此起彼伏，山寨彻夜不眠。随着乡村文旅产业的发展，民族村的木座

民族村的木座清明歌会（唐平瀛 / 摄）

在木座清明歌会欢乐舞蹈的村民（胡宇 / 摄）

清明歌会被平武县列为白马文化传承与保护的一项重要活动，歌会的规模不断扩大，也吸引了更多外地游客前来观光游览。

▶ 风土民情

特色传统食物 白马藏族的特色传统食物有腊肉、坨坨肉、火烧馍、洋芋糍粑、金裹银、满锅转、搅团、拌团、“决一嗦”、“决贴贴”等。白马藏族喜食面食，麦面、玉米面都是白马藏族的主食，“早搅团、午干馍，晚上杂面跑不脱”是白马藏族饮食习惯的生动写照。其中，“金裹银”是指用大米和玉米面混合煮熟的饭，白马话称为“玉米色日”。火烧馍，是将面粉和好压成圆饼，放在火塘的台面上烤熟。麦面、玉米面、燕麦面、青稞面、苦荞面都能做火烧馍，食材不同风味也不同。包谷鱼儿，是用玉米面加水成调成浓稠的玉米浆，锅里烧开滚水，用手抓起一把玉米浆，玉

民族村村民在手工制作洋芋糍粑（木座藏族乡 / 供图）

米浆从指间漏出成条状掉落锅里煮熟而成。拌团，是将玉米面、洋芋、韭菜煮在一起，搅成稀糊。

咂酒 白马藏族无酒不成宴，餐餐都好酒。咂酒以高粱、青稞、大麦等酿造，置于陶罐之中，灌以热水，中间插以竹竿，放至火塘保持温度均衡，围坐之人轮流以竹竿吸食，随喝随加热水，至味淡。

守火 守火是从冬月开始，一直守至清明节。麦子、黄豆收割之后，寨子里十几岁刚成年的男孩子在每日天黑后手持锣、鼓，边敲边进入寨子里每一户人家室内，大声喊：“大娃儿莫去耍火，莫去弄火，冬天里万木干枯，注意防火。”进入到每一家，每家要给面、酒、肉、油、盐。守火的人收下这些食物后做成夜饭，大家一起聚餐。每7天筹集一次食物，7天后食物吃完就不再打火把了，这也就宣告食物吃完，要进行新的一轮食物筹集。

白马婚俗 白马藏族的婚俗很奇特，他们从相识、定亲到结婚不用媒人，不要彩礼、陪奁，不请客办宴席。与外面的汉族通婚，只能让男性进山寨给女家上门当抱儿子（即上门女婿），而不准把女子嫁出山寨，谁违反就要受到惩罚，至20世纪80年代中期都没有把姑娘嫁给外地民族的先例。

抢帽子定亲。每年的春节、清明节、中秋节、重阳节，全寨男女老少，都要着节日盛装，聚集在一起跳圆圆舞，一则表示欢庆，二则供未婚青年选择对象。在跳圆圆舞时，女方如果看到自己心爱的人，就钻出舞圈，摘下头戴的插着白鸡毛的蝉皮毡帽，顶在右手的食指上，边转动帽子边向她心爱的小伙子走去。小伙子若有意则立即上前把帽子抢在手里，两人就把婚姻定下来了。如果女方的帽子被她不爱的人抢去，姑娘必定要把帽子追回来，男方还得赔礼道歉。订婚以后，男方要给女方背三年酒背子（即外出搞运输挣钱），一则给女方送一点，二则自己积蓄点为结婚成家用。

游婚。白马藏族人结婚后，小两口要背上山货到文县、九寨沟县或平武县城等地去换盐巴、大米……多则半年，少则一月才能回来。如果女方怀孕了，娘家就要给女儿办一套像样的陪奁。随着时代发展，游婚也赋予了新的内容，游的地方也更远了。

传统游戏 打抽抽。五名青年男性参与，在寨子的平坝博属古诺进行。外围画一个圈，一个人在中间用棍子打山上砍来的木疙瘩——牛头。其余四名男青年分别站在四个凹地里，赶牛的青年要千方百计把“牛”赶到凹地里，这就需要和四位凹地里的青年抢位置。如果赶牛的人和凹地里的人同时抢到外边的凹地，就猜拳决定胜负，输的人要被拔掉一根头发，还回到中间赶“牛”，如果“牛”跑到坝子下面，就要跑到坝子下边去捡，再打过来。打抽抽一般是冬天进行，老年人和小孩在旁边围观。

木座寨村民在打秋千（木座藏族乡 / 供图）

打草板。是用一根绳子拴在两个人的脖子上，中间挂一根线，有一个裁判发令说“开始”，两个人就分别朝反方向用力在地上爬，力气大的拉过去者胜。输家被赢家拔掉一根头发。打草板的参加者可以是青年男性和儿童。

此外，民族村村民的传统游戏活动还有打秋千、拔河等。

（其　汝）

附　录

绵阳市省级传统村落一览表

序号	传统村落名称	入选批次	入选时间
1	江油市二郎庙镇青林口村	第一批	2013年8月19日
2	北川县马槽乡黑水村	第一批	2013年8月19日
3	北川县青片乡上五村	第一批	2013年8月19日
4	游仙区魏城镇绣山村	第二批	2014年12月18日
5	安县宝林镇大沙村	第三批	2017年3月24日
6	安县高川乡天池村	第三批	2017年3月24日
7	安县雎水镇红石村	第三批	2017年3月24日
8	安县桑枣镇红牌村	第三批	2017年3月24日
9	安县塔水镇双林村	第三批	2017年3月24日
10	北川羌族自治县片口乡保尔村	第三批	2017年3月24日
11	北川羌族自治县青片乡正河村	第三批	2017年3月24日
12	北川羌族自治县曲山镇石椅村	第三批	2017年3月24日
13	北川羌族自治县桃龙藏族乡大鹏村	第三批	2017年3月24日
14	涪城区丰谷镇二社区	第三批	2017年3月24日
15	江油市含增镇长春村	第三批	2017年3月24日
16	江油市重华镇公安社区	第三批	2017年3月24日
17	平武县白马藏族乡亚者造祖村	第三批	2017年3月24日
18	平武县大印镇金印村	第三批	2017年3月24日
19	平武县豆叩镇银岭村	第三批	2017年3月24日
20	平武县豆叩镇紫荆村	第三批	2017年3月24日

续表

序号	传统村落名称	入选批次	入选时间
21	平武县虎牙藏族乡上游村	第三批	2017年3月24日
22	平武县龙安镇两河堡村	第三批	2017年3月24日
23	平武县木座藏族乡民族村	第三批	2017年3月24日
24	平武县响岩镇双凤村	第三批	2017年3月24日
25	平武县响岩镇中峰村	第三批	2017年3月24日
26	三台县塔山镇南池村	第三批	2017年3月24日
27	三台县西平镇柑子园村	第三批	2017年3月24日
28	盐亭县安家镇鹅溪村	第三批	2017年3月24日
29	盐亭县柏梓镇龙顾村	第三批	2017年3月24日
30	盐亭县高灯镇阳春村	第三批	2017年3月24日
31	盐亭县黄甸镇龙台村	第三批	2017年3月24日
32	盐亭县黄溪乡马龙村	第三批	2017年3月24日
33	盐亭县巨龙镇五和村	第三批	2017年3月24日
34	盐亭县林山乡青峰村	第三批	2017年3月24日
35	盐亭县石牛庙乡风华村	第三批	2017年3月24日
36	盐亭县五龙乡龙潭村	第三批	2017年3月24日
37	盐亭县洗泽乡凤凰村	第三批	2017年3月24日
38	游仙区东宣乡飞龙村	第三批	2017年3月24日
39	游仙区东宣乡鱼泉村	第三批	2017年3月24日
40	游仙区观太乡卢家坪村	第三批	2017年3月24日
41	游仙区刘家镇曾家垭村	第三批	2017年3月24日
42	游仙区石板镇白马村	第三批	2017年3月24日

续表

序号	传统村落名称	入选批次	入选时间
43	游仙区太平乡南山村	第三批	2017年3月24日
44	游仙区魏城镇铁炉村	第三批	2017年3月24日
45	游仙区魏城镇先锋村	第三批	2017年3月24日
46	游仙区徐家镇和阳村	第三批	2017年3月24日
47	游仙区玉河镇上方寺村	第三批	2017年3月24日
48	梓潼县定远乡同心村	第三批	2017年3月24日
49	梓潼县交泰村高垭村	第三批	2017年3月24日
50	梓潼县双板乡南垭村	第三批	2017年3月24日
51	梓潼县文昌镇七曲村	第三批	2017年3月24日
52	梓潼县仙峰乡甘滋村	第三批	2017年3月24日
53	梓潼县演武乡柏林湾村	第三批	2017年3月24日
54	安州区永河镇安罗村	第四批	2019年11月6日
55	北川县马槽乡黑亭村	第四批	2019年11月6日
56	平武县黄羊关藏族乡曙光村	第四批	2019年11月6日
57	盐亭县巨龙镇凤林村	第四批	2019年11月6日
58	游仙区柏林镇洛水村	第四批	2019年11月6日
59	游仙区凤凰乡石龙村	第四批	2019年11月6日
60	游仙区朝真乡木龙村	第四批	2019年11月6日

编后记

2018年，根据中国地方志指导小组印发的《中国名镇志文化工程实施方案》，绵阳市人民政府办公室印发通知，部署全市名镇志名村志编纂工作，并把编纂《绵阳市名镇志》《绵阳市传统村落志》正式纳入目标任务。2021年4月，绵阳市地方志编纂中心在完成《绵阳市名镇志》编纂出版工作的基础上，以全市范围内入选“中国传统村落名录”的16个村为入编对象，正式启动《绵阳市传统村落志》编纂工作。市地方志编纂中心参照《中国名村志文化工程实施方案（2019年修订版）》，明确了《绵阳市传统村落志》的时间断限、记述范围、体例内容、行文规范、字数图照等具体编纂要求，并提供了参考篇目和样稿模板，加强对各地组稿编纂工作的指导性和规范性。2022年6月，在各县（市、区）地方志工作机构的指导和有关乡镇、村（社区）的配合下，《绵阳市传统村落志》的编审工作基本完成。

《绵阳市传统村落志》的文字和图片稿件，主要由各参编村（社区）及乡镇负责撰稿和初审，各县（市、区）地方志工作机构负责复审，市地方志编纂中心负责终审。书中部分图片由村（社区）、乡镇或所在县（市、区）地方志工作机构提供，部分图片则是面向社会征集的个人作品。在此，我们向参与该书撰稿、编审工作的单位及个人 并致以衷心的感谢！

《绵阳市传统村落志》是一部概要介绍绵阳市传统村落的简志，在篇目设计、内容编排等方面都是一次新的探索。由于编纂人员能力有限、经验不足，加上编纂时间较为仓促，书中难免存在错讹之处，敬请读者朋友批评指正。

编　者

2022年7月